歴史文化ライブラリー
274

北政所と淀殿

豊臣家を守ろうとした妻たち

小和田哲男

吉川弘文館

目　次

北政所・淀殿の関係——プロローグ

北政所・淀殿の歴史的役割

本書の表題は『北政所と淀殿』である。しかし、北政所《きたのまんどころ》、すなわちおねと、淀殿、すなわち茶々の単なる評伝ではない。この二人に関しては、それぞれ何人もの研究者によって、その生涯についてすでにくわしく論じられており、ここで、私が新たに付け加えることはほとんどないといってよい。むしろ、本書の主題はサブタイトルの「豊臣家を守ろうとした妻たち」の方にある。

一般論として、「北政所と淀殿の不仲が豊臣家を滅亡に追いこんでしまった」とされているように思われる。その場合、北政所を好意的にみる人の中にも、「最終的に、北政所が豊臣家を見限ったから滅亡した」ととらえ、豊臣家の存続に冷淡だった北政所非難の声をあげる人も少なくない。

淀殿に至っては、「時代の流れを読むことができず、秀頼と無理心中したようなもの」と、豊臣家滅亡の責任がすべて淀殿にあったかのような論調が主流となっている。

本当にそうなのだろうか、というのが本書の出発点であり、それが私の執筆動機でもある。結果的には豊臣家が滅亡していくことになるが、その道をたどりながら、北政所・淀殿二人の果たした歴史的な役割は何だったのかを考えてみたい。

二人の呼称

ところで、本題に入る前にあらかじめ二つのことについてふれておかなければならない。一つは、北政所および淀殿の呼称である。本の表題は『北政所と淀殿』としたが、やはり若干の説明が必要であろう。

北政所というのは摂関家の正室の呼称であり、夫秀吉が天正十三年（一五八五）三月十日に内大臣になってからそのようによばれることになったもので、本書でも、そのあと、出家して高台院《こうだいいん》と名乗るまで、北政所と表記する。それ以前はおねとする。一般的にはねねとされることが多いが、同時代史料にねねと書かれたものが一つもないので、おねとしたい。彼女の差し出した手紙の署名に禰とあり、また、秀吉の手紙の宛名にお禰となっているからである。厳密にはお禰としなければならないが、本書ではおねと表記する。寧と

図1　高　台　院（北政所，高台寺所蔵）

図2　伝　淀　殿（奈良県立美術館所蔵）

書かれたものもあるので、正しい発音は「おねい」あるいは「おねー」だったかもしれない。

淀殿については、かつては淀君と表記されることが多かった。君は、辻君《つじぎみ》・立君《たちぎみ》などの君で、売春婦に対する蔑称の意味があり、「豊臣家を滅ぼした悪女」ということで、江戸時代になってそのようによばれたというのが通説である。ただ、同時代史料には淀殿とは出てこず、淀の方あるいは淀の女房、淀の御前として出てくる。それが淀殿に定着した理由はわからないが、いまさら淀の方とか淀の女房とするのもかえって煩雑になるので、ここでも、秀吉の子を懐妊し、淀城を与えられてからは淀殿と表記する。それまでは茶々である。

正室と側室

さて、あらかじめふれておきたかったことのもう一つは、淀殿を従来通り側室とするかどうかである。これまでは、北政所を正室とし、淀殿を側室とし、二人の確執が取り沙汰され、関ヶ原の戦いも、「正室と側室の女の戦い」などといわれてきた。ところが、福田千鶴氏が、「ミネルヴァ日本評伝選」の一冊『淀殿』で、淀殿も秀吉の正室だったと主張したことで、この問題がクローズアップされることになった。

これまでも、淀殿を単なる側室の一人としてではなく、別妻とする考え方はあった。福田氏は、関白の正室が一人である必要はなく、複数いてもおかしくないとの観点からこの問題を提起しているのである。私も以前、『豊臣秀次』（ＰＨＰ新書）を執筆したとき、関白秀次には正室が二人いたと書いたことがある。

たしかに、同時代史料、太田牛一《おおたぎゅういち》の著わした『太閤さま軍記のうち』でも、淀殿のことをさして「北政所」と表記しており、別妻の扱いではなく、正室の扱いなので、福田説は納得できる。ただ、はじめから正室待遇を与えられていたかとなると、私は別な見解をもっている。秀吉と関係をもつようになった段階ではまだ側室としての扱いだったのではないだろうか。鶴松を生んだ時点で側室から二人目の正室へと格上げされたものと思われる。

私がそのように考えたのは、第二〇回歴史科学協議会大会（昭和六十一年〈一九八六〉）のパネルディスカッション「歴史における家族と共同体」における脇田晴子氏のコメント「日本中世史・女性史より」（『歴史評論』四四一号）に接してからである。

脇田氏は『新猿楽記《しんさるがくき》』にみえる室町期男性の抱く都合のよい三人の妻像をつぎのように整理している。

①正妻　数子の母――生む性

②次妻　家政能力――副家長的役割
③三妻　若さと美貌――遊ぶ性

脇田氏の指摘のように、生む性としての母親役割が正妻の条件となっていたことがわかる。これを秀吉の妻たちにあてはめれば、家政能力を発揮した北政所はむしろ「次妻」で、鶴松・秀頼の二人を生んだ淀殿こそが「正妻」としてとらえられてもおかしくない状況だったことがわかる。ただ、秀吉の場合、北政所をあくまで糟糠《そうこう》の妻として正室扱いしていたことではないかと思われる。

「北政所と淀殿は二人とも秀吉の正室だった」という福田千鶴氏の問題提起を受け、二人の間に葛藤《かっとう》と軋轢《あつれき》はあったのかなかったのか、あったとしたら、それはどのようなものだったのか、そして、この二人の関係が豊臣家滅亡にいかにかかわっていったのか、具体的にみていくことにしたい。

秀吉と出会うまでの二人

おね

生年と出自

各種歴史辞典および人名辞典で北政所または高台院《こうだいいん》の項を引くと、天文《てんぶん》十七年（一五四八）の生まれとするものが多く、それが定説として受けいれられている。しかし、どの辞典もその出典が何であるかの論及はない。

この点について、はじめて詳細な検討を行ったのが田端泰子氏である。田端氏は「ミネルヴァ日本評伝選」の『北政所おね』で、『寛政重修諸家譜《かんせいちゅうしゅうしょかふ》』巻第三〇九の「浅野家系譜」に「九月六日逝す。年八十三」とあり、これが寛永元年（一六二四）のことなので、逆算して天文十一年の生まれとなるとした上で、その「浅野家系譜」の注記に「寛永の木下系図に七十六に作る」との異説のあることを紹介している。寛永元年に七十六で没したとすれば、逆算すると天文十八年の生まれとなる。天文十一年の生まれとすれば、通説とは大きく隔たるし、十八年としても、通説とは一年のちがいがある。

田端氏は、秀吉との結婚の時期からみて天文十一年の可能性が高いとされているが、私は、『義演准后日記《ぎえんじゅごうにっき》』に、木下家定のことをおねの「舎兄」と記しており、家定の生まれは天文十二年なので、天文十一年誕生説には従えないと考えている。

では、天文十八年誕生なのかといわれれば、それも『寛政重修諸家譜』だけの記載なので心もとない。通説の天文十七年という史料的根拠が何なのか問題はあるにしても、それを否定する材料がない以上、ここでは、従来の通説通り、天文十七年の生まれとしておきたい。

ところで、おねの出自も生年と同様、複雑な問題を抱えている。ふつう、父は杉原助左衛門定利、母は朝日といわれているが、母の実家が木下氏で、父杉原定利が、妻朝日の父木下家利の婿養子になる形で木下祐久と名乗っていたのである。

おねと秀吉の結婚話がもちあがったとき、おねの母朝日がそれに猛反対を唱えたというのは、自分の家が木下という苗字をもち、れっきとした武士の家であるにもかかわらず、苗字をもたない秀吉との身分ちがいの結婚に異を唱えたからである。

秀吉との結婚

おねと秀吉との結婚は、「木下家譜」によると、永禄四年（一五六一）八月三日のことという。八月三日とまでは断定できないにしても、秀吉の年齢を考えれば、永禄四年ころというのは妥当な線ではないかと思われる。その年、秀吉は二十五歳、おねは、天文十七年（一五四八）誕生説をとれば十四歳である。

実母の朝日が猛反対したということからもうかがわれるように、この結婚は、親が決めた結婚ではなかった。このことと、おねが浅野又右衛門長勝《ながかつ》の養女になったこととは関係がありそうである。従来は「木下家譜」の記述によって、幼いころから養われていたと考えられてきたが、長勝の妻七曲《ななまがり》がおねの実母朝日の妹だということなので、田端泰子氏が『北政所おね』で、「親類として親しい関係にあった浅野家が、おねの実母の反対を見かねて養女として婚姻させたものとも考えられる」と述べているあたりが実際のところだったのかもしれない。

そのころ、浅野長勝は織田信長の弓衆《ゆみしゅう》で、秀吉はまだ足軽《あしがる》だった。婚礼は清洲《きよす》城下の足軽長屋で行われたが、土間に簀《す》掻藁《がきわら》を敷き、その上にござを敷いて座敷のようにしたと伝えられるように、きわめて質素なものだったことがうかがわれる。ただ、媒酌人を、信長の従兄弟にあたる名古屋因幡守《いなばのかみ》がつとめているところをみると、信長公認の結婚だった可能性もある。

親の反対を押し切って結婚しただけあって、夫婦仲はいたってよかったらしい。しかし、子どもには恵まれなかった。この点について、江戸時代に林元美《げんび》が著わした『爛柯堂棋話《らんかどうきわ》』という本に興味深い話が紹介されている。

要点をかいつまんでいうと、おねは結婚早々懐妊した。しかし、おねもまだ若く、生活が苦しく、また、秀吉も子どもができては出世のさまたげになると考え、中椿という医師を訪ね、「子おろし」の灸をすえたというのである。いまでいう妊娠中絶の手術ということになるが、そうして流した子が三人いたという。

そして、そのあと、子どもがほしいと思っても、とうとう子どもはできなかったというのである。

おねに子どもができなかったということから、何者かがこのような憶測をまじえた話をでっちあげたのかもしれず、どこまで信憑性があるものなのかもわからない。しかし、現在でも、妊娠中絶をくりかえした結果、不妊になった女性がいることは事実なので、この話もまったく虚妄の説とは思えない。一つの可能性ある説としておきたい。

秀吉が苗字をもてる階層の出身だったのか苗字をもてない階層の出身だったかについては議論がある。すでに木下という苗字をもっていたと主張する人は、『太閤素生記《たいこうすじょうき》』に、秀吉の父親の名を木下弥右衛門としている点を論拠とする。しかし、これは、『太閤素生記』の著者が、「木下藤吉郎の父だから木下弥右衛門」といった感覚で木下という苗字を入れてしまったもので、各種史料を総合すると、秀吉の父弥右衛門は苗字をもてない下層の百姓だったことが確実である。

おねとの結婚で木下を名乗る秀吉

現在の感覚だと、苗字をもてる百姓と苗字をもてない百姓がいたとはにわかに信じられないかもしれないが、当時、百姓の中の上層は特に「名字ノ百姓」などといわれており、土豪《どごう》、すなわち地侍《じざむらい》レベルに限られていた。弥右衛門、そして秀吉は、苗字をもっていなかったのである。だからこそ、前述したように、おねの母朝日が身分ちがいの結婚として猛反対したわけである。

現在までのところ、秀吉が木下という苗字を使ったことがはっきりする初見史料は、永禄八年（一五六五）十一月二日付で、美濃《みの》の坪内喜太郎宛に出された副状《そえじょう》（「坪内文書」）であり、そこに「木下藤吉郎秀吉」と署名している。文書として残っているのではこれが一番早いわけであるが、それ以前から木下という苗字を使っていたことは確実である。
では、それはいつまでさかのぼらせることができるのか、また、木下という苗字はどこからきたのだろうか。

秀吉が信長に仕えるようになったのは天文二十三年（一五五四）のことといわれている。はじめ、小者《こもの》として仕えたわけであるが、一説に、鷹狩りに出ていた信長に直訴《じきそ》して仕えることになったとき、その場所が大きな木の下だったことから、信長より「木下と名乗れ」といわれたといい、また一説には、名を問われた秀吉が、以前仕えたことのある松下加兵衛の松下をもじって「木下と申します」といったともいわれている。

しかし、これらは、いずれも創作された話であろう。実際のところは、秀吉は、おねと結婚してはじめて木下と名乗ることができたのではないかと私は考えている。

おねの実父杉原定利が、木下祐久とも名乗ったことについてはすでに述べたところである。このあたり、

図3　杉原・木下関係略系図

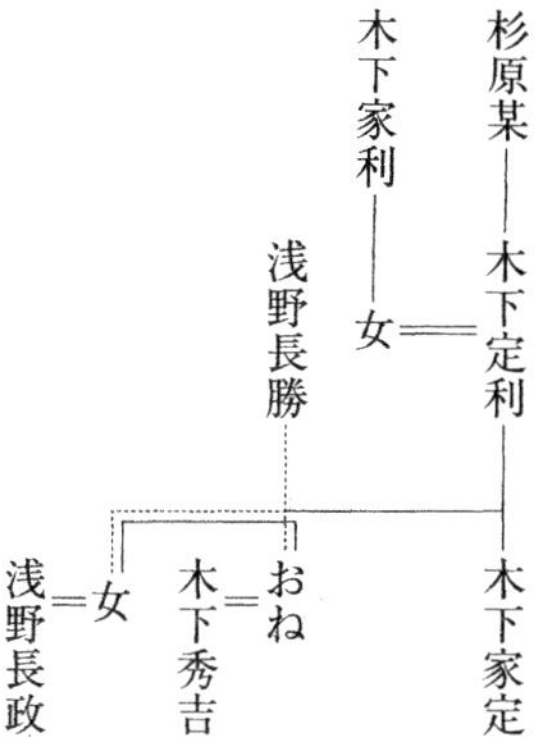

図3に示した「杉原・木下関係略系図」を使って説明しておきたい。

おねの父杉原定利は、妻の実家である木下家の名跡をつぎ、木下祐久と名乗った。つまり、おねが秀吉と結婚したとき、おねは木下家の人間であった。それまで苗字をもたなかった秀吉は、おねとの結婚によって、木下という苗字を名乗ることができるようになったと考えられる。これは、秀吉にしてみれば、苗字をもてなかった身分から苗字をもてる身分へ上昇することができた画期的なできごとであった。

茶々

生年と出自

おねのところで、生年に諸説があることをみたが、茶々の場合も生年について
は二つの説がある。一つは、これまで通説となっていたもので、永禄十年（一五六七）の誕生とする。ほとんどの歴史辞典・人名辞典はこの説をとっている。ただ、その史料的な根拠となると、江戸時代に書かれた随筆『翁草《おきなぐさ》』があるだけで、そこに、大坂夏の陣のとき、淀殿が自刃した年齢を四十九歳としていることからの逆算である。

『翁草』の著者が何を典拠に四十九歳説を唱えたかわからない。今後、それが明らかになり、信憑性があるということになれば、永禄十年誕生説も復権するかもしれないが、現

時点では、この通説よりも、永禄十二年の生まれとするもう一つの説の方が可能性は高いと思われる。永禄十二年説の提起は、茶々の母お市の方の浅井長政への輿入れ年次の検討から生まれているので、以下、少しこの問題を追いかけてみたい。

織田信長の妹お市の方が北近江《おうみ》の戦国大名浅井長政に嫁いだ年次についても諸説あり、少し前までは、つぎの三つの説があった。

①永禄四年説……『川角《かわすみ》太閤記』、『東浅井郡志』

②永禄六年説……高柳光寿《たかやなぎみつとし》『青史端紅《せいしたんこう》』、桑田忠親『桑田忠親著作集』第七巻

③永禄七年説……『浅井三代記』

この三説のどれをとっても、茶々の誕生を永禄十年とすることに問題はなく、それが通説になっていったものと思われるが、高柳光寿氏、桑田忠親氏ともに、永禄四年の輿入れとする史料的根拠は示されていない。おそらく、信長が美濃の斎藤氏と戦うことになった段階で、美濃のさらに向こうに位置する北近江の浅井長政と手を結び、間に挟まれた形の斎藤氏を倒そうとする遠交近攻同盟にあたると考えたからではないかと思われる。

私もしばらくは、信長と長政の同盟を遠交近攻同盟と考えてきた。遠く離れた尾張《おわり》の信長と北近江の長政が手を結び、間に挟まれた近くの美濃の斎藤龍興《さいとうたつおき》を攻めるという図式が

わかりやすかったからである。

ところが、その考えは、奥《おく》野《の》高廣《たかひろ》氏の論文「織田信長と浅井長政の握手」（『日本歴史』二四八号）に接して変わっていった。奥野氏はその論文で、一通の浅井長政書状（「堀部功太郎氏所蔵文書」）を紹介し、それまでの通説に検討を加えているのである。お市の方の輿入れの時期、ひいては茶々の誕生年を確定していく上で大事な文書なので、つぎに全文引用しておこう。なお、以下、史料は読み下しにして引用する。

未《いま》だ申し述べ候はずといへども、啓達候。尾張守殿え書状を以て申し候。よろしくお執り成しに預かるべく候。仍《よっ》て太刀一腰《ひとこし》・馬一疋進覧候。向後、申し承る便までに候。

尚、氏家方・伊賀方伝説有るべく候。恐々謹言

九月十五日　　（浅井）長政（花押）

市橋伝左衛門尉（長利）

御宿所

この文書は書状なので年付はない。ただ、文中、信長のことを尾張守と表記しているので、信長が尾張守を称していた期間、すなわち永禄九年九月十三日から同十一年八月までの文書だということになる。つまり、永禄九年九月十五日か、永禄十年九月十五日のどち

らかである。

年次を推定していくもう一つの材料は、文中、「氏家方・伊賀方」とある点で、氏家方は氏家卜全《うじいえぼくぜん》、伊賀方は安藤伊賀守守就《もりなり》のことで、この二人は、斎藤龍興の重臣だったものが、永禄十年八月十五日の信長による美濃攻めの直前、信長方に寝返ってきたばかりであった。つまり、この文書は永禄十年九月十五日の文書ということになる。

奥野高廣氏は、この文書を永禄十年九月十五日付と推定した上で、二つの注目すべき点を指摘している。一つは、従来の説のように、永禄七年以前にお市の方が長政のもとに嫁いでいれば、長政が美濃の武将である市橋伝左衛門尉長利を介して信長への執り成しを依頼する必要はないという点である。

二つ目は、この点を踏まえ、お市の方の長政への輿入れは、永禄十年九月十五日以降、十年の末か、翌十一年早々ではないかとした。これは卓見である。

実は、これまで、永禄四年説、同六年説、同七年説に押され、ほとんど顧みられることはなかったが、永禄十一年の輿入れとする史料もあった。しかし、その史料というのが史料的信憑性が低いとして、研究の俎上《そじょう》にはあがってこなかったのである。しかし、奥野氏の指摘を受けとめ、あらためて、永禄十一年の輿入れとする史料も検討してみる必要があるのではないかと考えている。

その史料というのは、江戸時代、遠山信春が著わした信長の一代記『総見記《そうけんき》』（別名『織田軍記』）である。同書巻六「浅井備前《びぜん》守長政被レ成二御縁者一事」に、信長側から長政に輿入れの打診をし、使者の往来が何度かあったことを記したあと、つぎのようにみえる。

……信長公は御妹子数多《あまた》ありけるに、御市の御方と申しけるを、今年永禄十一年四月下旬に浅井方へ御輿入ありて、婚姻の礼儀を調《ととの》へられけり。御祝儀の品々、諸事の御仕立、結構に仰付けられ、専ら美麗を尽されたり。

『総見記』の著者遠山信春がお市の方の輿入れを永禄十一年四月下旬とした史料的根拠はわからないが、その可能性はあるように思われる。

仮に、永禄十年の末、あるいは十一年早々の輿入れであれば、長女の茶々の誕生は十一年ということも考えられるが、輿入れが十一年の四月下旬ということになれば、茶々の誕生は翌十二年になる計算である。

永禄十二年誕生説は別の視点からも支持されている。井上安代氏の『豊臣秀頼』に所収されている「星座から推定した淀殿の年齢」である。井上氏は、醍醐《だいご》寺三宝院の門跡《もんぜき》である義演の日記『義演准后日記《ぎえんじゅごうにっき》』の「有気《うけ》」に関する記事と、茶々の星座とのかかわりから、彼女の星座を「八白土星《はっぱくどせい》」と考え、永禄十二年に該当するとしたのである。

茶々のすぐ下の妹お初についても、従来からいわれてきた永禄十一年ではなく、元亀《げんき》元年（一五七〇）の誕生とする可能性がでてきたので、茶々の誕生は永禄十二年に確定してよいのではないかと考えている。

茶々の出自は、これまでふれてきたように、北近江の戦国大名浅井長政の娘なので、おねとは格段の差がある。しかも、秀吉・おね夫妻にとっても、主君信長の姪にあたるわけで、おねの立場としても、茶々の扱いには苦慮したものと思われる。

小谷城落城とその後の茶々

永禄十一年（一五六八）四月にお市の方が長政に嫁いだことと、その年九月の信長の上洛は密接にかかわっていたのではなかろうか。信長と長政の同盟は、これまで通説となっていた遠交近攻同盟ではなく、美濃まで版図を広げた信長と隣接する近江の長政との近国同盟だったとみることによって、一つの新しい見方が生まれてくるのである。

このころ信長は、朝倉義景《あさくらよしかげ》に仕えていた明智光秀から、「越前に流寓《りゅうぐう》している足利義昭が将軍になりたいと考えている」との情報を得ており、義昭を擁して上洛し、天下に号令するという構想を描いていた。そのためには、越前と美濃との間に位置する北近江の浅井氏を何とか味方につけなければと思っており、信長の方からの申し出で、信長・長政の同盟が実現したといういきさつがあった。

この時点で信長は尾張・美濃二ヵ国を領しており、北近江三郡の長政とは力の差は歴然としていた。このような場合、常識的に考えれば、同盟するにしても、弱小国である北近江の長政の方が人質を出すなりするのがふつうであった。それを、まったく逆に、信長の方が妹お市の方を弱小国の方に差し出しているわけで、信長が何かをねらっていたことはいうまでもない。その何かは、越前と美濃との通路の確保、もっといえば、越前にいる足利義昭を美濃に招くための通路の確保であった。

『信長公記』はくわしい途中の経過を省略し、永禄十一年七月二十五日に義昭が信長に招かれて美濃の立政寺《りゅうしょうじ》に入ったとしている。これだけの記述だと、浅井長政はまったくこのことに関与していなかったかのような印象をうける。ところが、前述『総見記』によると、七月十六日に越前一乗谷《いちじょうだに》を出立した義昭一行は、途中、小谷城《おだにじょう》で浅井長政の出迎えをうけ、そこに三日逗留《とうりゅう》したことがみえる。『総見記』では、義昭の立政寺到着を七月二十七日とし、『信長公記』と二日のずれはあるが、義昭が小谷城で信長の妹婿となった長政の歓待を受けたことは事実だったと思われる。

その後の経過は周知のことなので簡潔に述べておこう。九月七日、信長は岐阜を出陣し、近江に入った。八日、長政率いる浅井軍が織田軍に合流。十三日、南近江の戦国大名六角《ろっかく》承禎《じょうてい》・義治《よしはる》父子の本城である観音寺城を攻め落としている。そして二十六日、信長は義昭を擁して上洛を果たしたのである。義昭が征夷大将軍に補任《ぶにん》されたのが十月十八日であった。

しばらくは、信長・義昭の関係は良好だったが、やがて、自分が信長の傀儡《かいらい》にすぎないことを知った義昭がそのことに不満をもち、以前、頼ったことのある越前の朝倉義景と連絡を取り、信長排除の動きをしはじめたのである。そのことを事前に察知した信長は、義景に対して上洛命令を出している。しかし、それは黙殺された。

結局、元亀元年（一五七〇）四月二十日、信長は若狭《わかさ》に向けて出陣した。幕命に背いた若狭の武藤上野介を討つというのが表向きの理由であるが、真のねらいは越前の朝倉義景であった。

織田軍が越前に攻め入り、朝倉方の支城である手筒山城・金ケ崎《かねがさき》城の攻撃をはじめたのが四月二十五日。そして、信長本隊が木芽峠を越えようとした四月二十七日、信長のもとに「浅井長政殿謀反！」の第一報が入るのである。そのとき信長は、『信長公記』による

図4　小谷城本丸跡

と、「浅井は歴然御縁者たるの上、剰《あまつさえ》、江北一円に仰付けらる丶の間、不足これあるべからざるの条、虚説たるべき」と、長政が反旗を翻したことを信じなかったという。

しかし、長政謀反の報が疑いないと判断した信長は、木下藤吉郎秀吉、明智十兵衛尉光秀、それに池田勝正を殿《しんがり》として残し、撤退をすることになった。この結果、信長と長政は敵対関係になり、このあとの姉川の戦い、小谷城の戦いへと続くのである。

同盟のための政略結婚の場合、同盟が破綻すれば、嫁いでいた女性は実家に戻されるのがふつうであった。このときも、お市の方が長政から離縁を申し渡され、兄信長のもとに戻るというのも選択肢の一つとしてあったと思われる。しかし、このとき、お市の方は小谷城の長政のもとにとどまってい るのである。

お市の方がなぜ小谷城にとどまったのか、そのあたりのお市の方の心情を記したものは皆無なのでわからないが、その年、お市の方は茶々の妹初を出産し、さらに、三年後の天正元年（一五七三）にはもう一人の妹小督《おごう》も出産しているのである。

その年、すなわち元亀元年六月二十八日の姉川の戦いで、織田・徳川連合軍が勝ち、浅井・朝倉連合軍が敗れ、長政は小谷城に籠城《ろうじょう》し、信長への敵対は続けていた。しかし、天正元年八月十七日、まず越前の朝倉義景が織田軍に攻められ、義景が自刃し、朝倉氏が滅ぼされ、ついで二十七日から小谷城への総攻撃がはじめられ、九月一日、長政も小谷城で自刃し、ここに浅井氏も滅亡した。

小谷城が総攻撃を受ける直前、長政は、お市の方と三人の娘を城外に落とすことを決意した。戦国時代もこのころになると、女・子ども戦闘員とみなされ、皆殺しにあうことが多くなっていたが、この場合、お市の方が信長の妹で、攻め手の総大将が信長だったので、城外への脱出が可能だったものと思われる。こうして、五歳の茶々、四歳の初、一歳の小督の三人はお市の方に手をひかれ、小谷城をあとにしている。

このあと、茶々たちは母お市の方と、信長の居城である岐阜城に入ったものと思われる。ふつうは、そこでお市の方は落飾《らくしょく》し、尼となって夫長政の菩提《ぼだい》を弔《とむら》う生活に入ることになるが、このとき、お市の方は出家しなかった。その理由について書かれたものはないので類推していくしかない。一つは、兄信長が、まだ二十七歳と若く、しかも美貌の妹を、つぎの政略結婚の持ち駒とするため、出家させなかったのではないかという点である。そしてもう一つは、生まれたばかりの三女小督がいた点も関係していたものと思われる。母として、子育てをしなければならなかったからである。

伊勢上野城から越前北ノ庄城へ

ところで、お市の方と茶々たち三人の娘は、このあと、天正二年（一五七四）九月の伊勢長島一向一揆《いっこういっき》鎮圧後、岐阜城を出て、信長の弟信包《のぶかね》の居城である伊勢上野城（三重県津市上野）に移り、そこで生活をしている。なぜ、信長の居城である岐阜城でなく、弟信包の上野城に預けられるようになったのか、そのいきさつについてもくわしいことは不明であるが、もしかしたら、夫長政を殺され、また、自分が生んだ子ではないが、長政の嫡男万福丸が信長の命によって殺されたことで、お市の方は信長に心を開くことができず、自ら岐阜城を出ることを望んでいたのかもしれない。ちなみに、信包の母はお市の方の母と同じといわれているので、信長の兄弟の中で心が通いあう仲だった可能性がある。

茶々たちは、伊勢上野城で平和な生活を送っていた。ところが、天正十年六月二日の本《ほん》能寺《のうじ》の変が勃発したことにより、茶々たちの身辺も急にあわただしくなった。お市の方は三人の娘を連れて尾張の清洲城に移っている。その清洲城で待っていたのがお市の方の再婚話であった。

再婚話をもってきたのは、お市の方の甥にあたる織田信孝だった。信孝は信長の三男で、父信長死後、兄で信長二男の信雄《のぶかつ》をさしおいて織田家の家督をつぐべく、織田家宿老《しゅくろう》の柴田勝家を後ろ盾にしようと考え、正室がいなかった勝家に叔母お市の方を嫁がせようとしたのである。

お市の方がいつ信孝から再婚話をもちかけられ、それをいつ承諾したのかは史料がなくわからない。ただ、天正十年十月六日付柴田勝家の堀秀政宛書状（『南行雑録』所収文書）によって、六月二十七日の清洲会議以前にこの話がまとまっていたことがわかる。もしかしたら秀吉は、清洲会議前にこの話を知っていて、自分の主張を通す交換条件のような形で納得していたのかもしれない。

清洲会議では、周知のように秀吉の主張が通り、織田家の家督は信長の嫡男信忠の嫡子三法師、すなわちのちの秀信がつぐことになり、お市の方を勝家に嫁がせた信孝の思惑ははずれた形となった。

このことが、翌天正十一年四月二十一日の賤ヶ岳《しずがたけ》の戦いへ連動していくことになるわけであるが、周知のように、賤ヶ岳の戦いで敗れた勝家は北ノ庄城に敗走し、そこを秀吉の軍勢に攻められることとなった。

お市の方が茶々たちをともなって北ノ庄城の勝家のもとにいつ行ったのかも不明である。

図5　北ノ庄城跡

しかし、四月二十三日からはじまる秀吉軍の北ノ庄城攻めのときには彼女たちは北ノ庄城内にいて、二十四日の総攻撃の日には、勝家・お市の方夫妻は自刃している。その直前、茶々たち三姉妹は城を出され、秀吉に保護されることになった。天正元年小谷城の落城のときも、茶々たちの身柄を保護したのが秀吉といわれているので、秀吉と茶々はその時点で顔を合わせていたはずであるが、茶々が物心ついてからということになると、この時二人は出会ったといってもよいのではないかと思われる。秀吉四十七歳、茶々十五歳である。

秀吉の天下統一と北政所の役割

信長家臣時代の秀吉とおね

長浜城を守るおね

天正元年（一五七三）の小谷城《おだにじょう》落城後、秀吉は浅井攻めの論功行賞の結果、浅井氏の遺領北近江《おうみ》三郡を与えられた。石高にして一二万石という。翌年、秀吉は城を琵琶湖畔の今浜に移し、そこを長浜と名づけ、自己の居城とし、琵琶湖のちょうど対岸にあたる明智光秀の坂本城とともに、信長の近江支配、さらに天下統一の戦いの要の城として重視されるようになる。

ところが、そのころから信長は、北の越後の上杉謙信《うえすぎけんしん》、西の中国地方の毛利輝元《もうりてるもと》を敵とするようになり、上杉謙信に対しては柴田勝家《しばたかついえ》を「北陸方面軍司令官」とし、毛利輝元に対しては秀吉を「中国方面軍司令官」に抜擢し、それぞれに備えさせることになった。秀吉は天正四年七月十五日、長浜城を出発し、京都に入って、中国攻めの準備に取りかかっている。そして、翌天正五年十月二十三日、播磨《はりま》に向けて出陣していった。

播磨で秀吉の手足となって働いたのが黒田官兵衛孝高《よしたか》である。黒田孝高は播磨の戦国大名で御着《ごちゃく》城《じょう》城主の小寺政職《こでらまさもと》の重臣だったが、早くから信長支持を表明しており、自分の居城姫路城を秀吉に譲っている。秀吉は、このことによって、中国経略の足場を得た形で、以後は基本的には姫路城に居城することになる。

そうなると、本来の居城である近江の長浜城の方は、若干の兵が残るだけとなり、その留守を秀吉の妻おねが守らなければならなくなる。もっとも、おねもずっと長浜城にいたのかどうかは不明で、長浜と姫路を行ったり来たりしていたことは十分考えられるところで、一説には、天正八年、九年ごろはおねも姫路城に移っていたのではないかともいわれている。

たとえば、田端泰子氏は『北政所おね』の中で、「秀吉は天正八年四月以後、姫路城の普請《ふしん》を始め、翌九年春にも修築にかかっているので、この頃つまり天正八年春から九年春の頃までの間に、おねは姫路に居を移したのではなかろうか。なぜなら天正九年の九月に、長浜城は信長の命によって堀秀政に与えられているからである。おねはこのように天正八年から九年にかけての頃、姫路に居を移したと思われる」と述べている。

たしかに、『堀家譜』には、秀政が天正九年九月に近江坂田郡で二万五〇〇〇石を与えられ、長浜城主になったと書かれており、長浜城が秀吉の手から離れていた可能性はある。しかし、翌天正十年六月の本能寺《ほんのうじ》の変《へん》の時、明智光秀側に与《くみ》した阿閉貞征《あつじさだゆき》が長浜城を攻めたことを記す諸書が一様に、攻撃される直前に、おねが秀吉家族を長浜城から避難させたことを記しており、私は、おねは一貫して長浜城の留守を守っていたのではないかと考えている。谷口克広氏が『織田信長家臣人名辞典』の堀秀政の項で記しているように、『堀家譜』がいう「長浜城主秀政」というのは予定であり、本能寺の変によって実現しなかったのではないかと思われる。

秀吉の出した命令を取り消させる

さて、そのおねが長浜城の留守を守っていたころの興味深い文書が「河路文書」(『改訂近江国坂田郡志』第六巻)にある。秀吉からおねの侍女こほに宛てたもので、女性宛ということで仮名書きになっている。漢字まじりにして引用しておく。

一、町人の事、我々不憫《ふびん》がり候て、よろづ用捨せしめしところ、うすひに成申候て、在々の百姓を町へ呼びこし申候事、曲事《くせごと》にて御座候事、

一、他所《よそ》の領地の者呼びこし候事は尤《もっとも》に候へども、北郡の内我々領分の者呼びこしして諸役仕り候はぬをよ□のて在々をばあけてゐんひに呼びこし申候事、所詮、町人に年貢・諸役赦《ゆる》し候故にて候まゝ、ただ今申つけ候事、
一、かやう申つけ候へども、それ様《さま》御断わりにて候まゝ、先々の如く、年貢・諸役赦し申候まゝ、不興の者どもに此よし御申つけ候べく候、かしく、
十月廿二日　　藤きちらう
ひて吉（花押）
こほ
返すぐ〵それ様御断わりにて候まゝ、町の事赦し候、よくぐ〵此の断わり御申聞かせ候べく候、かしこ、

この文書、書状なので年付はなく、いつのものかはっきりしない。ただ、長浜城下町に町人が集まりはじめた時期だということがわかるので、天正五年（一五七七）ごろのものではないかと思われる。

一条目、「うすひに成申候て」というのは「図に乗って」の意味のようで、要するに、秀吉が、長浜城下への町人誘致の施策として、年貢・諸役の免除をうたったところ、在々

の百姓まで呼びこすようになったのは曲事であると禁止したことがわかる。秀吉としては、二条目で述べているように、領内の百姓が城下に移り住むことは農村荒廃につながると懸念して禁止したものであろう。

ところが、三条目で一転して、このように申しつけたが、「それ様」、すなわちおねがお断りをいってきたので、元のように年貢・諸役を赦免するようにしたと、おねの反対を受け、命令を取り下げたことを記している。

「返す〱」ではじまる追而書《おってがき》の部分も注目されるところで、「年貢・諸役をこれまで通り免除する」という命令を、秀吉の命令としてでなく、おねの命令として出すよう指示していたことがわかる。この点も、この時期、秀吉が長浜を離れて姫路におり、長浜の支配はおねにゆだねられていたことを示すものといっていいのかもしれない。

いずれにせよ、諺でいう「雌鳥《めんどり》うたえば家滅ぶ」といった意識はまだなかったことがわかる。秀吉・おねはまさに共同経営者だったのである。

秀吉が信長の家臣だった時のおねにかかわることとして忘れてならないのが、おね宛の信長消息《しょうそく》（「土橋嘉平衛氏所蔵文書」『織田信長文書の研究』下巻）である。秀吉のことを「かのはけねずみ」と表現していることでも有名で、家臣の妻が上司に挨拶に行き、上司から「身持ちを陽快にし、悋気《りんき》などおこさないように」と諭された文書として理解されている。

しかし、この文書、このころ秀吉が側室をもちはじめ、それを嫉妬し、愚痴をいったおねを諭しただけのものではなかったのである。この文書の裏に横たわる〝事情〟にはじめて気がついたのは宮本義己氏ではないかと思われる。宮本氏の「戦国時代の夫婦とは」（『歴史研究』四八八号）という論文で、このおね宛の信長消息を取りあげ、おねの安土《あづち》訪問の意味についてつぎのように述べている。

この後、秀吉・おね夫婦は、信長の四男の秀勝（幼名次《つぎ》）を養子として迎え、主従の絆を一段と深めていく。

が、これはこのときの安土祗候《しこう》のおりに、おねが信長に懇願した結果ではなかったろうか。自ら子を成していなかったおねは、主筋の子をもらいうけて我が子とし、その庇護のもとに夫婦関係や羽柴家中の安泰を図ろうとしたのであろう。

この宮本氏の解釈は卓見というべきである。年月日の記載はないものの、書かれたのは天正四年ないし五年といわれており、そのころの秀吉は文字通り東奔西走で、主君信長に養子の件を切りだすようなゆとりはなかったものと思われる。

秀吉が長浜城主となって側室をもち、天正元年ないし二年に生まれたと考えられている石松丸が早世してしまったのが同四年とされており、おねとしても、後継者問題を真剣に考えはじめたころと思われる。安土に祇候したおりに、主君信長の子どもの一人を養子にほしいと訴えた可能性は高い。というのは、信長四男の於次丸《おつぎまる》が秀吉の養子に迎えられたのが天正六年ごろと考えられるからである。

なお、於次丸は永禄十一年（一五六八）の生まれといわれているので、そのとき十一歳ということになる。元服《げんぷく》して秀勝と名乗った。「中国方面軍司令官」として姫路城を本拠に各地で戦っている秀吉に代わり、この於次丸秀勝の養育にあたったのはおねであった。

こののち、秀吉は何人もの養子・養女を迎えているが、それらの養育にあたったのもおねであった。その詳細についてはあとでふれることにしよう。

また、秀吉子飼いの部将といわれる福島正則《ふくしままさのり》や加藤清正《かとうきよまさ》らも、幼年・少年期はおねに育てられている。おねは、実子はいなかったものの、そうした子どもたちを養育するというつとめを立派に果たしていたのである。

北政所として秀吉を支える

秀吉の関白任官とおね

天正十一年（一五八三）四月二十一日の賤ケ岳《しずがたけ》の戦いで柴田勝家《しばたかついえ》を破った秀吉は、信長の後継者争いでトップに立った。同年九月一日からは大坂城の普請《ふしん》にかかり、その工事に、以前同僚だった信長の家臣たちを動員しており、秀吉が一歩も二歩もリードする形になったのである。

しかし、順調に推移したわけではなかった。翌天正十二年には、信長の二男だった織田信雄《のぶかつ》と、信長の同盟者だった徳川家康が手を結び、真っ向から勝負を挑んできたからである。この戦いを小牧《こまき》・長久手《ながくて》の戦いとよんでいる。

小牧・長久手の戦いは、秀吉軍が一〇万、徳川家康・織田信雄連合軍が一万六〇〇〇ほどといわれるように、軍勢の数に差があるにもかかわらず、少ない家康・信雄連合軍側が局地戦では勝っているのである。

結局、小牧・長久手の戦いは、勝ちを焦る秀吉が信雄を籠絡《ろうらく》して単独講和を結び、信雄支援のために立ちあがった形の家康を封じこめることに成功し、家康とも講和を結んでいる。しかし、こうした決着の仕方は朝廷側を硬化させることになってしまったのである。要するに、秀吉が要求する征夷大将軍は認められないとする結論を出している。

「武門の棟梁」としての征夷大将軍に任命されないことがわかり、秀吉は焦ったものと思われる。何の地位もなく、武士団のトップに立つなどということは常識的にみても考えられなかったからである。そこで秀吉が考えた手は、朝廷の官職につき、あの平清盛が太政大臣となって、武家政権初の権力を樹立したように、自分も太政大臣になるという方向性であった。秀吉は前述したように、信長の四男於次丸を養子にしていたことで、そのころは平姓を称していた。秀吉は天正十三年三月十日、「平朝臣秀吉」として内大臣宣下《せんげ》を受けているのである。

実はこの時、朝廷では秀吉を右大臣にする予定でいた。ところが、秀吉は、「前右大臣《さきのうだいじん》」だった織田信長が明智光秀に殺されたことを〝凶例〟としてもちだし、その申し出を

図6　豊臣秀吉（大阪城天守閣所蔵）

断っており、その結果、秀吉をそれまでの権大納言《ごんだいなごん》から内大臣に昇格させるための異例の人事を行っている。そして、その異例の人事の結果、関白《かんぱく》二条昭実《にじょうあきざね》と左大臣近衛信輔《このえのぶすけ》の争いを生じ、「どちらが関白になっても相手が傷がつく」というわかったようなわからない結論が出され、秀吉にいきなり関白のポストが舞いこんできたのである。

ただ、関白は誰でもなれるというものではなく、藤原姓で、しかも北家《ほっけ》流の近衛・鷹司《たかつかさ》・九条《くじょう》・二条・一条の五家、すなわち「五摂家《ごせっけ》」から選ばれるのがルールであり、平姓の秀吉では任官できるはずはなかった。しかし、この時は、近衛前久《さきひさ》が「近衛家の猶子《ゆうし》にしてやる」と助け舟を出したため、同年、すなわち天正十三年七月十一日の朝廷の陣儀《じんのぎ》で秀吉への関白宣下が決まり、十三日、秀吉は拝賀のため参内《さんだい》し、正式に関白となっているのである。史上初の「武家関白」の誕生ということになる。

摂関家の正室を北政所とよぶので、秀吉の妻おねが北政所とよばれるのは、秀吉が関白に任官したあとと考えるのがふつうである。しかし、「関白任官記」（『太閤史料集』）によると、秀吉が内大臣になったことを記したのに続けて、「その後、大坂に勅使を立て、御台《みだい》を以て北政所に任じ、母儀を以て大政所に任ず」とあるので、御台、すなわちおねは、夫秀吉が内大臣になった段階で北政所とよばれるようになったのかもしれない。

北政所として朝廷・寺社関係をこなす

武家関白という特異性が多分に関係していたと思われるが、秀吉自身、関白でありながら武将として出陣していく場面が少なからずあり、当然のことながら、秀吉の出陣中は北政所として天皇家や公家関係の業務をこなさなければならなかった。

また、出陣していない時でも、朝廷への挨拶、贈答品の持参などは北政所のつとめで、北政所がたびたび内裏《だいり》を訪問している様子は、宮中女官の執務日誌である『御湯殿《おゆどの》の上の日記』にくわしく記されている。秀吉と朝廷との間を円滑に保つための努力を重ねていた様子がうかがわれる。

そのことは寺社関係においてもみることができる。秀吉が関白になったころの課題の一つは本願寺対策であった。信長の時には徹底抗戦し、最終的には講和という形で降服したものの、依然として大きな勢力を維持しており、あなどれない力をもっていた。秀吉の関白任官の前後、秀吉から本願寺側に積極的に融和策を打っており、北政所の侍女である孝蔵主《ぞうす》が貝塚の願泉寺《がんせんじ》を訪れていたりしている。実際、「宇野主水日記《うのもんどにっき》」（「貝塚御座所日記」『石山本願寺日記』下巻）をみると、顕如《けんにょ》の「北御方」、すなわち如春《にょしゅん》と北政所とのやりとりの様子がかなり頻繁にあったことがわかる。そうしたことを踏まえ、田端泰子氏は『北政所おね』の中で、

……おねはこのようにまだはっきりと味方に付いたかどうかわからない微妙な方面に、秀吉とは異なる方法で、平和的外交を展開し始めた。これこそが、秀吉正室としての役割であり、他のだれにもできない役割であった。おねは秀吉の政策を背後から平和的手段で支える役割を果たしていた。具体的には藤原（豊臣）家の「家」外交を担っていたといえる。

と述べている。

女房衆の管轄と養子・養女の養育

女房衆のたばね役

何を典拠にしたのかわからないが、『伊達家世臣家譜』では、秀吉の側室の数を一六人としている。本書のプロローグでも述べたように、淀殿をもう一人の正室とみるか、側室とみるかは議論のあるところではあるが、従来は側室としてカウントしてきた。

慶長《けいちょう》三年（一五九八）三月十五日の秀吉最後の豪遊「醍醐《だいご》の花見」に出席していたのは、正室北政所のほか、淀殿・松の丸殿（京極高吉の娘）・三の丸殿（織田信長の娘）・加賀殿（前田利家の娘）である。

ほかに名前と出自がわかっている側室は、三条殿（蒲生賢秀《がもうかたひで》の娘）・姫路殿（織田信包《のぶかね》の

図7　大阪城

娘）・甲斐殿（成田氏長の娘）・お種殿（高田次郎右衛門の娘）の四人で、名前は伝わらないが、山名禅高の娘が側室になっていたことが確実で、淀殿を側室として数えても、一六人といわれる内の九人で、あと七人は名前もわからない。

桑田忠親氏は『太閤豊臣秀吉』（講談社文庫）で、前述の石松丸を生んだ女性を「竹生島奉加帳《ちくぶじまほうがちょう》」に名前のみえる南殿とし、一六人の中の一人に数えているが、それでもあと六人はわからない。しかも、本当に側室が一六人だけだったのかということも確証はないわけで、もっといた可能性はある。

ちなみに、大坂城の御奥には、常時三〇〇人の女性が起居していたといわれている。この大坂城御奥は、のちの江戸城の大奥と同様、男子禁制で、したがって、秀吉の日常の身のまわりのことはすべて女性たちによって行われていた。豊後《ぶんご》の戦国大名大友宗麟《おおともそうりん》が天正十四年（一五八六）四月に大坂城に秀吉を訪ねたときの様子を書状として残しており（「大友家文書録」『大分県先哲叢書』資料集第五巻）、その中に、大坂城の御奥を案内されたときの見聞記がある。その部分を引用しておこう。

……御前ニハ十二三ノ女子二三人眉ヲ作、うつくしき衣裳にて堪忍《かんにん》、御茶宮仕、菓子なとまいらせられ、御腰の物もたせられ候。次間ニハ、幸蔵主又東殿とて、女房衆堪忍候。遥遥《はるばる》御物語なと被レ成《ならせられ》候。

十二、三歳の美少女を側に置き、お茶などの給仕をさせていたことは、この宗麟の書状にしかみえないが、事実であろう。なお、ここに「幸蔵主」とあるのは北政所の侍女の孝蔵《こうぞう》主《す》のことで、「東殿」は「東の局」ともいわれる女性で、大谷吉継《おおたによしつぐ》の母である。この二人が大坂城御奥のいわば奥女中頭ということになるが、それらすべてをたばねるのが北政所の役割でもあった。

養子や養女たちの養育

北政所はついに秀吉との間に実子を得ることができなかったが、その代わり、秀吉・北政所夫妻は何人もの子どもを養子・養女としていた。その養子・養女の養育にあたったのも北政所であった。では、どのような子が養子・養女となっていたのだろうか。まず、養子の方からみておきたい。

①秀勝（於次丸、織田信長四男）

②秀家（宇喜多直家《うきたなおいえ》の子）

③秀次（姉ともの子）

④秀勝（小吉、姉ともの子）

⑤秀俊（北政所の兄木下家定の子、のちの小早川秀秋）

⑥秀康（徳川家康の二男、のちの結城秀康）

秀勝という名乗りが二度でてくるが、区別して於次丸《おつぎまる》秀勝、小吉秀勝とよんでいる。秀吉が秀勝という名にこだわったのは、最初の子石松丸秀勝への思い入れがあったともいわれるが、たしかなことはわからない。

秀家は成長したのち、宇喜多家を継がせているし、秀俊も他家に養子に出され、秀康は養子というよりは、実質的には家康との講和にあたって人質のような形で取ったものであった。多分に政略的な養子といってよい。結局、秀次が秀吉から関白を譲られ、秀吉の後継者と目されたわけであるが、実子秀頼の誕生によって自刃に追いこまれている。

養女はつぎの五人である。

①豪姫《ごうひめ》（前田利家の娘）
②前子《さき》（近衛前久の娘）
③名前不祥（のち、毛利秀元の室）
④小姫君《おひめ》（織田信雄の娘）
⑤小督《おごう》（浅井長政娘、茶々の妹、のち徳川秀忠室）

この五人の中では、秀吉が特にかわいがったのは豪姫と小姫君の二人である。豪姫はよく知られているように、前田利家の四女で、二歳で養子となり、実子同様に育てられている。十五歳のとき、やはり秀吉の養子だった秀家と結婚している。

小姫君の存在は、従来はあまり注目されてこなかったように思われる。ところが、最近、秀吉が豪姫と同じかそれ以上にかわいがっていた姫君としてクローズアップされるようになってきた。

これまで、天正十六年（一五八八）に毛利輝元が上洛したときの『輝元公上洛日記』に、秀吉が女の子を抱いて輝元の前にあらわれたのを豪姫と考えてきた。これに対し、異論を唱えたのが福田千鶴氏であった。福田氏は、その年、豪姫はもう十一歳であり、秀吉が抱いて出てくるのは無理だろうと判断した。同氏の『淀殿』につぎのように述べられている。

また、天正十七年に上洛した毛利輝元は、八月七日に聚楽城において秀吉の碁を観ることになった。これには徳川家康・豊臣秀長も同席し、二人の案内で屋敷のなかや台所までを見学した。その時の秀吉の様子に、興味深い記述がある。

関白様も姫子御イタキ、友（共）に御出候て、御雑談有之《これあり》候、

秀吉が姫子を抱いて、ともに雑談をしながら屋敷内を見て廻ったという。体重の軽い女児とはいえ、抱きかかえて歩き廻るのは数えで五、六歳までが限度であろう。したがって、この姫子とは当時数えで十一歳の豪ではなく、五歳の小姫である。秀吉がいかに小姫を可愛がっていたか様子がうかがえてほほえましい。

毛利輝元の上洛は天正十六年なので、福田氏は一年まちがえているが（二木謙一『秀吉の接待―毛利輝元上洛日記を読み解く―』）、秀吉が抱いて出てきた女の子は福田氏の指摘の通り、養女は養女でも豪姫ではなく、小姫の方であると思われる。

こののち、天正十八年の小田原攻めの後、小姫の父織田信雄《おだのぶかつ》が、駿河《するが》・遠江《とおとうみ》・三河・甲斐《かい》・信濃五ヵ国への転封《てんぽう》命令を拒み、改易《かいえき》されたことで、私は小姫も養女関係を解消されたとみていたが、その後も、小姫はそのまま秀吉・北政所夫妻にかわいがられていたらしい。しかし、『時慶卿記《ときよしきょうき》』の記述によって彼女は天正十九年七月九日に七歳の幼さで死

んでしまったという。

なお、小督が秀吉の養女となったのは、秀忠に嫁ぐための名目上の縁組と思われる。

北政所と諸大名のかかわり

北政所は関白秀吉の妻として〝妻外交〟を進めることになるが、それは、正式に北政所となる以前からもみられた。周知のように、天正十一年（一五八三）四月の賤《しず》ヶ《が》岳《たけ》の戦いの時、秀吉勝利の決め手になったのは、柴田勝家の与力《よりき》として、柴田軍の一員として出陣していた前田利家が戦線離脱したことである。おねと、利家の妻まつは特に親しく、妻同士のホットラインがあったのではないかと思われる。

本願寺顕如の妻如春尼と北政所

大名ではないが、おねが本願寺顕如《けんにょ》の妻如春尼《にょしゅんに》と連絡をとりあっていたことが史料的にたしかめられる。賤ヶ岳の戦いで柴田勝家を破ったあと、秀吉は同年九月一日から大坂城の築城にかかる。実は、秀吉が城地として選定した場所は石山本願寺があったところであった。

本願寺は織田信長の時代、具体的には天正八年閏三月にすでに石山を退去しており、秀吉がその跡地に城を築くことに異論をはさめるような立場でなかったことはいうまでもない。しかし、気分的にはおもしろくないという思いを抱いていたのではなかろうか。秀吉が大坂城の築城にかかるまさにその時期、おねと、顕如の妻如春尼との間に使者の往来があり、贈答品のやりとりがあったことは、本願寺側のそうした不満の空気を解消するための、おねの〝妻外交〟だったのではないかと思われる。

「宇野主水日記《うのもんどにっき》」（「貝塚御座所日記」『石山本願寺日記』下巻）の天正十一年九月九日条に、つぎのようにみえる。

一、上様（如春）へ、筑州御内儀（おね）より御返礼として幸（孝）蔵主と云比丘尼参らる也。一段うつくしき京染、小袖ウラ紅梅シヾラノ紅梅、ウラもろうすかけたるうつくしき帯一すぢ并紅梅《シヾラ》五端、紅梅とをりすぢトノ板五端下さる。又使の幸蔵主御ミやげ、上様へ硯箱、帯。御門跡様、新門様、興様へも、とり〴〵に幸蔵主の御ミやげ之有り。

「御返礼」とあるところをみると、これ以前に如春尼からおねに対する使者がきていたのであろう。おねからの使者となっていたのが幸蔵主《こうぞうす》、すなわち孝蔵主であった。

これだけの記載である。土産、つまり贈答品のやりとりがあったことを伝えるだけで、おねと如春尼の間にどのような連絡があったのかはわからない。しかし、天正十一年の九月という時期を考えると、大坂城築城の動きと関係していた可能性はある。秀吉と顕如との対立を緩和するため、おねが顕如の妻如春尼と直接交渉をしたものと考えられる。

この如春尼との場合は本願寺との関係なので大名というわけではないが、つぎに示すように大名と直接連絡をとりあっている例もある。

伊達政宗宛北政所侍女孝蔵主の書状

ここでは一例として伊達政宗《だてまさむね》との関係についてみておきたい。伊達政宗は、天正十八年（一五九〇）の秀吉による小田原攻めまで、秀吉の天下統一に抵抗していた。しかし、結局は秀吉に抗することが無理と判断し、小田原攻めをしている秀吉の陣営に加わっている。いわゆる「政宗の小田原参陣」である。

もっとも、秀吉が本格的に小田原城を攻めはじめたのがその年の四月三日なのに対し、政宗の小田原到着は二ヵ月遅れの六月五日であった。あまりに遅い到着に秀吉も怒り、政宗は箱根の底倉という所に押し込められ、ようやく六月九日、政宗は秀吉の陣所（石垣山城）の普請場《ふしんば》ではじめて秀吉に謁見している。
この時、政宗は諸将が見守る中、髪を水引で結び、死装束で秀吉の前に出た。秀吉はかがんでいる政宗に近づき、持っていた杖を政宗の首にやり、「もう少し来るのが遅ければ、ここが危なかったな」といったという（「関屋政春覚書」）。
こうして政宗は秀吉に臣従することになったが、臣従の証しに、正室（田村清顕《きよあき》の娘）を人質として上洛させることになった。『伊達家文書』に、その時の政宗宛北政所侍女孝蔵主の書状がある。すなわち、
こんともはや〳〵と御まいりにて、御きけんよくおハしまし、数〳〵めてたさ、御うれしく思ひまいらせ候、我〳〵もちと御めにかゝりまいらせ候ハんと申候つれとも、何かとうち過まいらせ候、心のほかに御入候、御成の御事にて、さそ〳〵御ちさうとも、をしはかりまいらせ候、返々御まいりのたひ〳〵に、御きけんよくおハしまし候ま、、御うれしく思ひまいらせ候、御うへさま（政宗夫人田村氏）御上洛の御事、さて〳〵御さうさ、御心つくしにておハしまし候ハんと、あんし入まいらせ候、京にてハすいふん御用をもき、まいらせ候ハんま、、御心やすく思しめし候へく候、まつ〳〵おたハら（小田原）にても、色々御ねん比《ごろ》の御事とも、くわふんさにて御入候、御ふミをもくたされ候つるに、さ

んく〳〵わつらいまいらせ、御返事申入まいらせ候ハて、心のほかさ、わよくわいにな
りまいらせ候、めいわくに思ひまいらせ候、まつ〳〵にほいふくろ、ちんかう、御さ
かつき、御かたひら、御かちやう進上申まいらせ候、くわしくハそう（宗是）せ申入られまい
らせ候へく候、めでたくかしく、
（切封ウハ書）
「（天正十八年八月カ）
三日
より
かう
人々御中
さうす」

というもので、人質として上洛する政宗の正室の安全を保障した内容である。差出人は孝蔵主だが、そうした指示を出したのは北政所であることはいうまでもない。

秀吉と北政所の間で大名妻子の人質について連絡を取りあっていたことがわかるとともに、人質となった大名の妻子が北政所の監督下に置かれた様子をうかがうことのできる事例である。

その年七月五日、小田原城主北条氏直《うじなお》が降服し、小田原攻めは終わった。この後、秀吉

は陸奥《むつ》の黒川（会津若松）まで駒を進め、奥州仕置《おうしゅうしおき》を進めている。この時、秀吉によって領地を没収されたのは、大崎義隆（大崎五郡）・葛西晴信《かさいはるのぶ》（葛西七郡）・石川昭光（石川郡）・白川義親（白河郡）・田村宗顕（田村郡）・和賀《わが》信親（和賀郡）・稗貫《ひえぬき》輝家（稗貫郡）・武藤義勝（庄内三郡）らであるが、この内、大崎氏・葛西氏の旧領で遺臣たちによる一揆が蜂起した。葛西・大崎一揆といわれるもので、それはさらに和賀一揆、稗貫一揆へと波及していった。

その鎮圧にあたったのが蒲生氏郷《がもううじさと》と伊達政宗であったが、何と、政宗の家臣の一人が、「一揆を煽動しているのは政宗である」と、蒲生氏郷に訴え出てきた。氏郷はすぐ「政宗が一揆に加担しているらしい」と秀吉に報告しており、上方において政宗に対する疑心暗鬼の空気が流れたことは事実である。

この時も、北政所は侍女の孝蔵主に政宗宛の書状を出させている。その文面はつぎの通りである。

わさとひきやく（飛脚）そうしよよりまいらせ候よしにて御入候、御かもしさま（政宗夫人田村氏）何事も御入候ハす候、猶《なお》より〳〵うへさま（秀吉）北政所さま、御ねん比《ごろ》に仰られ候、御心やすく思しめされ候へく候、それさま御心かはりと申御ちうしんとも御入候へとも、うへさまハ、いかなりともまさむね《政宗》へつしん《別心》、そうせつ《雑説》にて御入候ハんと、かたく〳〵仰られ候、さて〳〵かたしけなく思しめされ候ハんする御事と思ひまいらせ候、かやうの御おんわすれまいらせられ候ハヽ、御はちあたりまいらせ候へく候、御かもしさまへも、さい〳〵よね《米》をもおひたゝしくまいらせられ候まゝ、御つき〳〵の御しゆ《衆》も、かたしけなかりにて御入候、十一月廿八日出わのかミ《最上義光》殿おつねん《越年》に御のほりにて御入候、ミかわのおかさきへ、十二月廿一日に御つき候て、おハり中なこん《豊臣秀次》さまより、うへさまへ御ちうしん御入候つる、てわ殿御物かたりに、まさむねもやかて上洛候て、みちにてとしを御とり候ハんとの御事にて御入候、道もしつかにとの御事にて御入候、御心やすく思しめされ候べく候、てわの守殿御申あけやう、まさむねの御ために、念比にて御入候、さて〳〵これほとうへさまハ、まさむねへ御ねん比に御入候を、しせん〳〵御心かわりも御入候へハ、御いへのはて候ハんする御事と、ミな〳〵申され候御事にて候、とく〳〵御上洛候て、御申わけ候てよく御入候ハんと、ミな〳〵申され候事にて御入候、御かもしさまはしめまいらせ、ミな〳〵御心をつくしまいらせられ候、御いかしさめもあてられ候ハす候、めて候、かしく、

「(切封ウハ書)

（天正十八年）十二月
廿六日

（政宗）んの大夫殿
御申

しゆらく
より
かう
さうす」

前段で、上洛中の政宗室の様子についてふれ、後段で、秀吉は「政宗の別心というのは雑説である」と考えていることを伝え、政宗を安心させている。政宗としては、この孝蔵主からの書状で秀吉周辺の情況をつかむことができたものと思われる。

ほかに、藤田恒春氏の「豊臣・徳川に仕えた一女性—北政所侍女孝蔵主について—」（『江戸期おんな考』第一二号）で、北政所が孝蔵主を使って、常陸《ひたち》の佐竹義宣との交流があったことを「佐竹文書」によって明らかにしており、北政所としての立場で、秀吉とは別なつながりで秀吉の天下統一と大名統制を裏で支えていたことがわかる。

北政所と徳川家康三男秀忠の関係

北政所が女房衆の管轄をし、また、養子・養女の養育にあたったことはすでに述べた通りである。さらに、伊達政宗の正室が人質の形で上洛したとき、その監督にもあたっていた様子についてもふれた。

養子・養女だけでなく、人質たちも何らかの形で北政所の恩恵を受けていた様子も垣間見られる。

備中足守《びっちゅうあしもり》藩主だった木下家の文書（『ねねと木下家文書』所収）の中に北政所と徳川家康三男秀忠の交流を物語る珍しい文書がある。二通とも秀忠自筆で、どちらも短いものなので全文掲げておきたい。

暮の祝義(儀)として津多丹後守を以申まいらせ候、此よしよく〳〵あひこゝろへて申さるへく候、かしく

（切封）——ハ——

かうさうす　　ひて忠

きやく人

菊のしうきとしてつかひを以申入候、此よしあひこゝろへ候て申、御礼候へく候、かしく

（切封）——ハ——

かうさうす　ひて忠

前者は歳暮の祝儀、後者は重陽の祝儀を遣わしたという内容である。「かうさうす」は北政所の侍女孝蔵主であり、宛名は孝蔵主となっているが、実際は北政所に出したものである。

そもそも、秀忠と北政所の親密な関係は天正十八年（一五九〇）までさかのぼる。この年、秀吉の小田原攻めが行われるが、小田原攻めがはじまる前、家康は三男の秀忠をあらためて人質として秀吉のもとに送っているのである。

家康はすでに小牧《こまき》・長久手《ながくて》の戦いの講和後、二男の秀康を名目上は養子、実質上は人質として秀吉のもとに出しており、それで十分なはずだった。ところが、名目上、養子とされている以上、秀吉との信頼関係を維持するために、あらためて、人質を送りこむ必要性を感じていたものと思われる。

秀忠は、井伊直政・酒井忠世・内藤清成らを従え、天正十八年正月三日に駿府《すんぷ》を発し、十三日、京都に着いた。十五日に聚楽第《じゅらくてい》で秀吉に謁見することになったが、秀吉との謁見の前に、北政所の所で髪の毛を調《ととの》え、装束も着せてもらっていたのである。『木下氏系図附言纂』に、「秀忠公駿州ヨリ御上洛ノ節ハ先《まず》政所君ノ御亭ニ入リ為サレ、御髪ノ結ヤラ御装束ノ召カタマテ京都ノ風ニ御取結、誠ニ御実子ノコトク御丁寧ニ愛シ給フ」とある。

この時、それまで長丸という幼名でよばれていたが、秀吉は自分の手で長丸を元服させ、名乗りの一字を与え、秀忠と名乗らせている。十二歳の秀忠にとって、北政所は母のように思えたのではなかろうか。

朝尾直弘氏は「ベールをぬぐ豊臣家の歴史」(『ねねと木下家文書』)の中で、北政所と秀忠の文通をとりあげ、「秀忠は十二歳の長丸といったころ、聚楽第の秀吉のもとにやられ、そこで元服した経歴をもち、その後しばしば上洛している。その立場は事実上の質子といえ、ねいとの関係はこの時期にさかのぼるものであろう。こうした肉親・非肉親をつうじた情のつながりが、ねいのまわりにはあった」と述べている。卓見である。

秀吉の天下統一の陰に、北政所の働きがあったことがこうした事例からも明らかになる。

鶴松を生む淀殿と鶴松の死

茶々懐妊のうわさと落首事件

秀吉と茶々の関係はいつからか

天正十一年（一五八三）四月二十四日の北ノ庄城落城のとき、お市の方は柴田勝家とともに自刃して果て、茶々・お初・小督《おごう》の三人は秀吉に引き取られることになった。北ノ庄城からそのまま大坂城に迎えられたとする説もあるが、大坂城の築城開始はその年の九月一日からで、第一期工事の完成が天正十三年四月なので、大坂城ということはありえない。そのころの秀吉の居城が山崎城なので、山崎城とする説もある。しかし、山崎城にいたとする史料もなく、不明というしかない。安土《あづち》城の可能性もあり、秀吉の側室となっていた松の丸殿、すなわち、京極龍子が京都に居住していたので、そこに預けられていたとする説もある。三姉妹と京極龍子は従兄弟同士となり、その可能性はあるように考えられる。

三姉妹は、実の娘のいない秀吉にしてみれば、政略結婚のための大事な持ち駒であった。秀吉がいつから長女の茶々を側室にしたいと考えたかはわからないが、茶々を手もとに残し、妹たちから嫁がせている。

一番最初が三女の小督で、彼女は早くも翌天正十二年はじめ、織田信雄《のぶかつ》の家臣佐治一成に嫁いでいるのである。まだ十二歳であった。この結婚は、秀吉が信長二男信雄を懐柔するためのものであったが、秀吉の目論見《もくろみ》ははずれ、結局、小督が嫁いだ直後、信雄は徳川家康と結んで秀吉との戦いに踏みきっている。これが小牧《こまき》・長久手《ながくて》の戦いである。

怒った秀吉は、「茶々が病気になった。見舞いにくるように」と偽って小督を誘いだし、そのまま身柄を拘束し、強制的に離縁されている。

ついで天正十五年、今度は次女のお初が京極高次《たかつぐ》に嫁いでいる。秀吉の側室松の丸殿、すなわち京極龍子の弟で、従兄弟同士の結婚ということになる。ただ、お初が高次に嫁いでいったのが天正十五年のいつのことなのかは不明である。おそらく、お初が高次に嫁いでいった前後、秀吉は長女茶々と関係をもつようになったのであろう。

茶々懐妊のうわさが広まる

「茶々が懐妊したらしい」といううわさが広まったのは天正十六年（一五八八）十一月ごろからであった。それは、『武功夜話』巻一六「天正十六年十一月、茶々殿懐妊の取沙汰の事、悪所通い御禁制の事」に、つぎのように記されている。

一、戊子年（天正十六年）霜月頃より異なる風聞あり。すなわち御新亭に罷《まか》り候ところの茶々殿御懐妊の取沙汰頻りに相伝り、不審ながら殿（前野長康）に聞き糺し候ところ、軽々しき事決して口外申さぬ様稠《きび》しく戒《いまし》められ候なり。

ここに「御新亭」とあるのは、秀吉が関白となり、京都に政庁として築いた聚楽第《じゅらくてい》である。そこにいた茶々が懐妊したといううわさがあったことがわかる。『武功夜話』はそれに続けて、茶々の懐妊を知った大坂城にいた大政所、すなわち秀吉の生母が心痛のあまり病気になったことも記している。

『武功夜話』は、偽書といわれたこともあったが、刊行されている二一巻本は偽書の範《はん》疇《ちゅう》には入らず、幕末に書かれてはいるが、家伝史料として貴重な情報も含まれている。茶々懐妊のことが、京・大坂周辺の人びとのうわさになったのは、『武功夜話』のいう通り、天正十六年の十一月ごろのことと思われる。茶々が鶴松を生むのは翌年五月二十七日なので、天正十六年十一月ごろは妊娠四ヵ月目で、お腹が大きくなったのがわかる時期でもある。

そのことに関連して、福田千鶴氏は『淀殿』の中で、ちょうどその時期、秀吉が摂津の茨木に茶々を呼びよせている事実を掘りおこし、世間の人びとからの中傷、嘲笑を含む冷たい視線から茶々を守り、落ち着いた環境で静養させようとしたことを指摘している。卓見である。そのことと淀城の築城は連動していたと思われる。淀城についてはあとで述べよう。

聚楽第南門に落首の貼り紙

秀吉と正室おねとの間に子どもがいなかったことは天下周知のことであった。長浜城主時代、南殿《みなみどの》という側室との間に石松丸とよばれる名前の男の子がいたが、これは、近代になって、「竹生島奉加帳《ちくぶじまほうがちょう》」に南殿という女性名と石松丸という男子がみえ、それが秀吉の側室と生まれた子といわれるようになったもので、当時の人びとに広く知られていたわけではない。むしろ、ルイス・フロイスが『日本史』で、「彼（秀吉）には唯一人の息子（鶴松）がいるだけであったが、多くの者は、もとより彼（秀吉）には子種がなく、子供を作る体質を欠いているから、その息子は彼の子供ではない、と密かに信じていた」と記しているように、秀吉に子どもを作る能力がなかったとするとらえ方が一般的だったのである。

正室おねのほか、松の丸殿をはじめとする側室にも子どもができなかったことで、茶々の懐妊は世間の人から好奇の目でみられることになってしまったわけである。

『武功夜話』巻一六に、さきの茶々懐妊のうわさがあったことに続けて、聚楽第南門に茶々の懐妊を揶揄する落首《らくしゆ》が貼り出されたことを記している。

一、丑年《(天正十七年)》明けて春分の中頃、奇怪なる事あり。御新亭南門表に落首のはり紙あり。何人の意趣ある哉《や》定か成らず。御奉行前田徳善《(玄以)》殿内証に仕舞いなされ候。

この落首烏乱《うろ》覚えに候。写書きあり、数首あり。

一、大仏のくどく《功徳の意》もあれや鑓《やり》かたなくぎ《釘の意か》かすがいは子だから《茶々殿懐妊の事》めぐむ

一、さゝたへて《佐々蔵介のことか》　茶々《茶々殿の意》生いしげる内野原《聚楽亭の事》　今日《京の意》はけいせい香をきそいける

他にも数首哥よみ有るとかや、面白き件々に候なり。

『武功夜話』は落首のあったことしか記さないが、『多聞院日記《たもんいんにつき》』『鹿苑日録《ろくおんにちろく》』などによって、このあと、秀吉による厳しい取り調べがあり、何と一〇〇人を超す関係者が処刑される大事件に発展しているのである。秀吉が相当ピリピリしていたことがうかがわれる。

御産所として築かれた淀城

京・大坂中間地点の淀

聚楽第《じゅらくてい》にいた茶々を摂津の茨木《いばらき》城に呼びよせ、そこで静養させたことについてはすでに述べたが、秀吉は茶々を茨木城に仮住まいさせるだけでなく、本格的な城を築くことにした。その場所として選ばれたのが淀である。

そのころ、秀吉は、天下人としての居城大坂城と、関白の政庁である京の聚楽第を往ったり来たりしており、その中間地点にあたるどこかに足がかりとなる城がほしいと考えていた。それと、前述した世間の好奇の目から茶々を守るという思いがあわさり、新しい城を築こうと決意したものと思われる。

そして選ばれた場所が淀であった。現状では、河川改修や流路の変化などで、かつての景観をしのぶことはできないが、淀の地は、宇治《うじ》川・桂川・木津《きづ》川の三つの河川が合流するところで、それら河川が天然の要害となり、すでに室町時代から淀に城があることはあった。つまり、秀吉によるはじめての築城というわけではなかった。しかし、それ以前の城は石垣を積んでいたわけではなく、中世の城だったので、改修とはいっても、新規築城に等しい大工事だったことはいうまでもない。

秀吉が淀の地を選んだのはその要害性だけでなく、淀が河川を使った舟運の陸揚げ地ともなっていたからである。経済的に、すでに淀津《よどのつ》とよばれ、京都の外港として発展していたことも、秀吉が淀を選んだ理由であった。

弟秀長が築城を監督

秀吉は淀城の築城を弟秀長に命じている。天正十七年（一五八九）正月に築城工事にかかり、三月にほぼ完成したといわれているので猛スピードの突貫工事だったことがうかがわれる。

さて、その淀城であるが、同じ淀城の名前で、近世にも淀城があるので、それと混同されることが多い。しかし、近世淀城とはちがい、場所も少し離れている。そのため、秀吉が茶々のために築かせた淀城の方を、淀古城とよぶ人もいる。

近世淀城は現在、京阪電鉄京阪本線の淀駅のすぐ近くにある淀城跡公園となっている場所で、石垣と堀が残っている。秀吉の築いた淀城、すなわち淀古城の方は、そこから四〇〇～五〇〇㍍ほど北に位置していた。しかし、現在、そこには城跡はない。文禄三年（一五九四）、伏見城の築城にあたり破却されてしまったからである。

図8に示したところが、淀城のあった場所で、納所《のうそ》にある、城ノ内・北城堀・南城堀といった小字によって、かろうじてそこに城があったことがわかるだけである。かつて、納所の妙教寺境内から秀吉時代のものと思われる瓦が出土したといわれているので、現在の妙教寺境内も城域に入っていたものと思われる。ただし、図面がなく、どのような縄張りだったかもわからない。

ちなみに、文禄三年の破却のとき、建造物のすべてが毀《こわ》されたわけではなく、一部はそのまま伏見城に移築されている。この点については、豊臣秀次の右筆《ゆうひつ》だった駒井重勝の日記『駒井日記』に興味深い記述がある。藤田恒春校訂『増補駒井日記』から引用しておく。

まず、文禄三年三月二十日の記事は、

一、淀の御城天守こほち候御奉行琳斎・近真両人、手伝人
　　雀部《ささべ》淡路（重政）
　望月三郎右衛門

　　小野木図書

一、同御門・矢蔵以下本丸の分こほち候衆

　　渡瀬仁助　雨森下総
　　森　若狭　麻野彦五郎
　　早尾与吉　別所久路

とあって、天守・門・櫓が毀されたことがわかる。ところが、三月二十七日には、

一、淀の御城矢倉共差図吉田修理（好寛）仕立上げられ、則ち、（太）大閤様江御目に懸けらる由仰せ出され申し遣わす。いまだこほち候ハて之有る分

　一御うへ　一御風呂屋　一御肴部屋　一御小台所　一御納戸　一拾五畳置の御座敷　一御馬屋　一御馬屋（マヽ）

　　一二間の中二階矢倉・同廊下

とあり、これらの建造物については取り壊されなかったことがわかる。ちなみに、櫻井成廣氏の『豊臣秀吉の居城――聚楽第・伏見城編』によると、ここにみえる「御風呂屋」は淀殿使用の風呂で、「拾五畳置の御座敷」は淀殿がふだん使っていた物見御殿で、これらは、その後、備後《びんご》福山城に移築されたとしている。福山城には伏見城から移築したという伏見

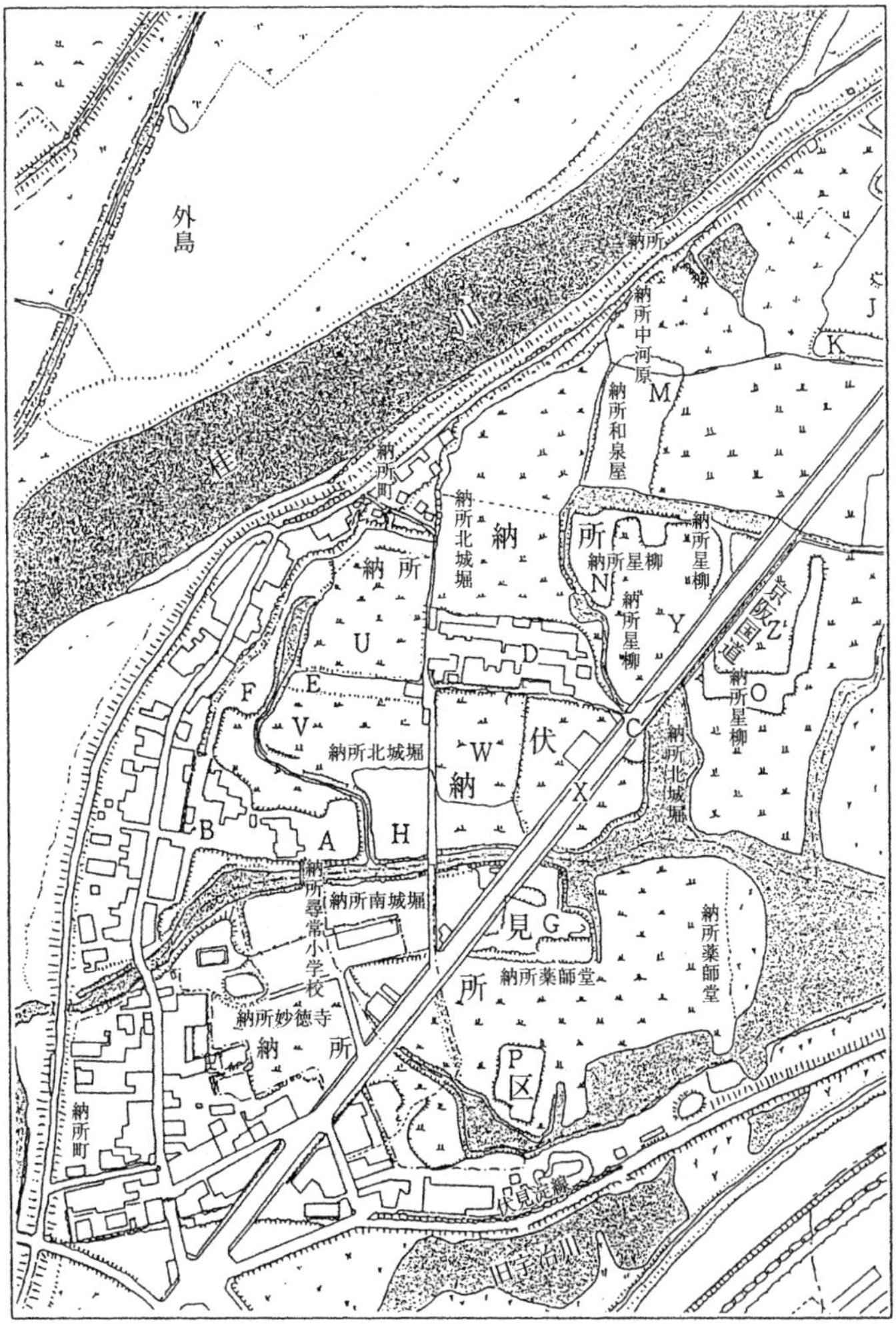

図8　淀城周辺図（足利健亮作図，
西川幸治編『淀の歴史と文化』より）

櫓などがあるので、これらの建造物は淀城から伏見城へ、伏見城からさらに福山城へと移築されていったものと思われる。

御産所としての淀城

秀吉が茶々のために淀城を築き、それを与えたことについては、従来は、茶々を寵愛するあまり、思いきって城一つをプレゼントしたととらえられてきたように思われる。それに対し、福田千鶴氏の指摘によって、淀城築城以前に茨木城で茶々を静養させていたことが明らかになり、淀城もその延長上に位置づけられることもわかってきた。聚楽第にしても大坂城にしても、周囲の好奇の目にさらされるわけで、まわりを気にすることなく、ゆったりした気分で出産の日を迎えるための秀吉の配慮だったわけである。

それともう一つ、私は、淀城を御産所としようとした点も落とすべきではないと考えている。出産は当然のごとく出血をともなうわけで、古来、「血の穢《けが》れ」という意識があった。そのため、庶民の家でも、生理中の女性や産前産後の女性が母屋とは別棟の建物で暮らすことがあった。それが産屋《うぶや》とか産小屋といわれるものである。

ふつう、庶民の家の産屋は粗末な掘っ立て小屋に藁葺《わらぶき》といった程度のものであったが、権力者の場合には、より大がかりに築かせていた。それが御産所である。室町時代、足利将軍家でも、正室や側室がお産をする場合、御所を出て、新しく作られた御産所で出産するのが習わしとなっていた。関白としての秀吉は、その習慣をまねようとしたのではないかと思われる。つまり、秀吉にしてみれば、茶々の出産のための御産所を用意したという感覚だったのではなかろうか。その場合、〝築城狂〟などといわれるほど城を築くことが好きだった秀吉のこと、「どうせ御産所を作るなら城にしよう」と考えたものと思われる。

ところで、福田千鶴氏は『淀殿』の中で、これらの点にかかわってもう一つ注目すべき指摘を行っている。生まれてくる子が男子であるか女子であるかにかかわらず、はじめから庶出子ではなく、嫡出子としての扱いにすることを考え、茶々を側室、すなわち妾ではなく、正室扱いをするために淀城に御殿を新造したとする。

福田氏は、「秀吉は聚楽城や大坂城とは別に、新たに豊臣淀城を整備して御殿を新造し、茶々を御新造様として迎えたのである。これはすなわち、以後は茶々を正妻として扱うということの公表に他ならなかった」と述べ、続けてつぎのように主張する。

要するに、秀吉は茶々に正妻としての待遇を与え、出生した子にも初めから嫡出子としての待遇を与え、諸人にこれを知らしめることで、諸人がその子に対して敬意をもって接するように取り計らわせたかったのである。秀吉が豊臣淀城を整備して、茶々に独立した御殿を与えたという経緯には、そうした秀吉の強い思惑を看取することができる。

このとき生まれた鶴松はわずか三歳で夭折《ようせつ》してしまったが、そのあと生まれる秀頼が異例の若さで叙位任官していることをあわせ考えると、この結論は納得できる。「生む性」としての茶々が、淀城を与えられ、淀殿となることで、秀吉二人目の正室に格上げされたとみてよいのではなかろうか。

プロローグでも記した通り、茶々が淀城に移ってからは「淀のもの」とか「淀の女房」とよばれるようになる。秀吉が茶々のことを「淀のもの」と表現した最初は、現存する史料でみるかぎり、天正十八年（一五九〇）四月十三日付五さ宛の秀吉自筆書状（「高台寺所蔵文書」）であり、「淀の女房」と表現したのは同年五月七日付吉川《きっかわ》広家宛秀吉朱印状（「吉川家文書」）がはじめである。同時代史料に彼女のことを「淀殿」と記したものはないが、すでに淀殿が定着しているので、このあとは本書でも淀殿と表記することにしたい。

鶴松の誕生と死

鶴松の誕生

淀殿が出産のため、いつ淀城に入ったのかは、記録がなくわからない。三月にほぼ完成しているので、そのころであろう。このとき、附添《つきそい》として一緒に淀城に入った武将がいる。信長の弟だった織田長益《ながます》である。長益というより、出家してからの有楽《うらく》の方がよく知られている。有名な茶人でもあった。つまり、淀殿にとっては伯父か叔父にあたる人物である。有楽は天文十六年（一五四七）の生まれ、淀殿の母お市の方も通説では天文十六年の生まれといわれているので、伯父にあたるのか叔父になるのか微妙なのである。私は、お市の生まれは天文十七年か十八年と考えているので、淀殿にとって有楽は伯父にあたるのではないかと考えている。いずれにせよ、秀吉にしてみれば、側に身内の者がいることは心強いので、有楽を送りこんだようである。

淀殿が淀城に移り、出産までの間に行われた特記事項として「金賦《くば》り」がある。これは、五月二十日のことであるが、秀吉が一族や公家・諸大名を聚楽第に集め、金六〇〇〇枚、銀二万五〇〇〇枚を分配しているのである。秀吉のいい分は「人の死生は定まらないものなので、先に配分しておくのだ」（『鹿苑日録《ろくおんにちろく》』）ということにあったが、その実、数日後に控えた実子誕生の前祝いの性格をもっていた。この「金賦り」の場で、淀殿の出産が間近いことが披露されているからである。

すでに述べたように、聚楽第に落首が貼りだされたり、いろいろと世間の声、特に、淀殿の懐妊にかかわるうわさがある中で、世間に、生まれてくる子は秀吉の子であることを印象づけるためにしくまれたものと思われる。

そして、五月二十七日、淀城において淀殿が豊臣家待望の男子を生んだ。このとき、秀吉は五十三歳である。「もう跡とりの男子はできないだろう」とあきらめていたところへ男子の誕生というわけで、秀吉は大喜びであった。当時、俗信としてあった「棄子は育つ」といういい方にならい、子の名前は捨とつけられた。棄の字が使われることもある。名前だけでなく、このあと、拾《ひろい》、すなわち秀頼誕生のときには、実際に家臣の松浦讃岐《さぬき》守に命じて、拾を道ばたに捨てさせ、それを拾わせたということが記録にみえるので、捨のときも同様に道ばたに捨てさせた可能性はある。

捨はまもなく幼名鶴松とよばれるようになる。鶴は、「鶴は千年」といういい方をし、松も「枝葉がしげる」象徴のようなもので、どちらもめでたく、長寿を願った命名であった。

鶴松を大坂城に移す

淀殿・鶴松母子はそのまま淀城で暮らしていた。ところが八月二十三日、秀吉は淀殿と鶴松を大坂城に移しているのである。秀吉が喜びのあまり、鶴松を大坂城に置いて、毎日顔をみたかったというのも理由の一つとしてあったと思われるが、この鶴松の大坂城入城はもっと大きな意味があったのである。鶴松を豊臣政権の後継者として、諸大名や公家たちに認知させるというねらいである。

周知のように、本能寺の変後、秀吉は信長に後継者となる男子が何人もいたにもかかわらず、それらを押しのけて織田政権を簒奪《さんだつ》してきた経緯がある。信長の後継者だった嫡男の信忠も討死し、後継者が決まっていなかった間隙をついて政権を奪取したわけで、「自分の死後、同じように政権を簒奪しようとする者が出てくる可能性がある」と考えていた。そうした政権簒奪者の動きを封じこめるためには、跡継ぎをはっきりさせておくことがどうしても必要だったのである。

この後、淀殿と鶴松はおねと対面しているが、九月五日、おねは大坂城を出て聚楽第に移っている。それがおねの意思だったのか、秀吉の命令だったのかは不明である。おねの意思だったとすれば、おねが大坂城で淀殿と一緒に暮らすのを嫌ったとももとれるし、秀吉の命令だったとすれば、ちょうどそのころ、諸大名の妻子を上洛させ、在京を命じているので、その妻子の監督とあわせ面倒をみさせるという名目で下したことも考えられるからである。

いずれにせよ、秀吉は二人の妻、聚楽第のおねと大坂城の淀殿の間を往ったり来たりしたわけで、形の上でも二人の正室といった感がある。

そしてその直後の同年十二月、淀殿が、亡き父浅井長政の十七回忌と亡き母お市の方の七回忌の追善供養《ついぜんくよう》を行っているのである。高野山持明院《こうやさんじみょういん》の所蔵する浅井長政画像、お市の方画像はこのとき描かれたものであった。ただ、両画像には淀殿の依頼によって描かれたとする記載がないことから、桑田忠親氏は、このときの追善供養は淀殿が内々に行ったと解釈している。桑田氏はその著『淀君』の中で、「天正十七年十二月といえば、彼女が淀城で鶴松を産んで間もなくのことだ。年もまだ二十三歳であるし、秀吉の側室として地

図9　浅 井 長 政 (持明院所蔵)

図10　お 市 の 方 (小谷の方，持明院所蔵)

位も十分とはいえない。亡父母の追善供養といっても、かつて秀吉の仇敵であった浅井一族のことだ。それが大びらに施行できなかったことは、むしろ当然ともいえる」と述べている。

しかし、このような追善供養が果たして内々にできるものであろうか。内々に行なって、それが露顕したときの方が危険だったのではなかろうか。私は、むしろ、豊臣家の跡つぎを生んだことで、淀殿から堂々と、褒美として父母の追善供養を要求したのではないかと考えている。そのことと、淀殿が秀吉の側室（子を生んで正室）になったことと関連があるように思われる。

秀吉の愛を受け入れたのはなぜか

二四ページでも述べたように、天正元年（一五七三）の小谷城《おだにじょう》の戦いで淀殿は父浅井長政を秀吉によって殺され、天正十一年の北ノ庄城の戦いでは、母お市の方もやはり秀吉によって殺された形である。

ふつうならば、「父の仇」「母の仇」といって秀吉を嫌いぬき、まして、側室になどなるはずはないと考える。しかし、結果的に、淀殿は秀吉の愛を受け入れ、鶴松を生んでいるのである。それはどうしてなのだろうか。

このことに関する淀殿の心情を記した史料は一つもなく、また、同時代史料でこのことに関説しているものもない。推測していくしかないわけであるが、これまでさまざまな推測がなされているものの、私としてはどれも納得いかないという思いがある。

たとえば、「あきらめ説」である。秀吉の権勢があまりに大きくなり、「側室になれ」という秀吉の要求を拒むことができなかったというものである。本当に、運命と思ってあきらめ、秀吉に身をゆだねたのだろうか。

「栄達願望説」もある。秀吉の側室になれば栄華も思いのままになるというものである。豪華な衣裳をまとい、優雅に城で暮らすことで果たして憎しみは消えるものだろうか。

もう一つ、必ずしも市民権を得ているわけではないが、「謀略説」というものもある。秀吉の方から「側室になれ」といわれたのではなく、むしろ、淀殿の方から秀吉に接近し、媚《こび》を売ったという説である。秀吉との間に子をなし、亡父浅井長政の血、亡母お市の方の血を天下人の後継者に残そうとしたとする解釈である。私はこれもありえないとみている。秀吉が正室との間に子がなく、側室との間に子がないのを知っていたはずで、しかも、すでに五十を超した秀吉との間に子どもを作ろうと考えることはありえないからである。ましてや、「豊臣家を滅ぼすために秀吉の愛を受け入れた」などというに至っては論外といわなければならない。

では、理由は何なのか。ヒントになるのが、前述した、鶴松を生んだあと、亡父の十七回忌、亡母の七回忌の追善供養をやっていることである。どうしても淀殿は勝ち気な性格で負けん気が強かったという印象をもってしまいがちであるが、実際は逆で、かなり従順で、信仰心もあつく、仏教にも帰依《きえ》していたのではないかと思われる。二人の妹たちがそれぞれ他家に嫁ぎ、「自分が浅井家の菩提《ぼだい》を弔《とむら》わなければならない」という思いでいたのではなかろうか。「秀吉の側室になることで亡父・亡母の供養ができるなら、それもよい」と考えたものと思われる。

この後、淀殿が二人目の秀頼を生んだあと、彼女の発願で浅井長政の菩提を祀る養源院を建立している事実もこの際無視することはできない。

「二人かゝさま」体制

鶴松誕生という、秀吉にとってめでたい予定外のできごとがあったため、当初予定されていた小田原攻めは延期される形だった。結局、天正十八年（一五九〇）三月一日、秀吉は自ら三万二〇〇〇の直属軍を率いて京都の聚楽第を出陣した。注目されるのは、その出陣の少し前、具体的には二月十三日、秀吉は淀殿と鶴松を聚楽第に移しているのである。秀吉本人が出陣して関東に行くので、家族を聚楽第一ヵ所に集めようとしたものであろう。

この小田原攻めにあたって、秀吉は小田原城を見おろす笠懸山《かさがけやま》に付城《つけじろ》を築いている。のちに石垣山城とよばれる城である。秀吉はそこで小田原城攻めの指揮をとったわけであるが、小田原城は大外郭といわれる惣構《そうがまえ》に守られ、簡単に落とすことができないと判断し、長期戦になることをみこし、能役者を都からよびよせたりしている。

さらに、このとき、諸大名にも妻をよびよせることを許し、自らも淀殿をよびよせているのである。「長陣の無聊《ぶりよう》を慰めるため」というのが表向きの理由であるが、秀吉としては、淀殿が子どもを生める体であることがわかった以上、「早くつぎの子を」という思いも強かったのではないかと考えられる。

ちなみに、このとき、淀殿だけでなく、京極龍子、すなわち松の丸殿も石垣山城まできているが、そのときの様子を、太田牛一《おおたぎゅういち》は『太閤さま軍記のうち』(『太閤史料集』)でつぎのように記している。

今度《このたび》は、奥州・日の本まで、年月を経て、おほせつけらるべく候。さだめて国々所々にて、御てま入るべきのあひだ、諸卒も、かねぐ〵見をよび、たいくつなく、その覚悟ぞんじ候やうにと、おぼしめされ候か、北の御方・佐々木京極さま御同陣なされ候ひける。御輿数三十余丁、馬乗の御女房衆六十余騎なり。

ここに、淀殿を「北の御方」と表現していることに注目したい。このとき、北政所おねは小田原には下っていないので、桑田忠親氏は『豊臣秀吉研究』で、「北の御方」は「茶々」の書き誤りだとしている。それに対し、福田千鶴氏は『淀殿』で、これは太田牛一の書き誤りではなく、すでに淀殿が「北の御方」、すなわち秀吉の正室として位置づけられていたからだとした。福田説の通りと思われる。

さて、四月三日からはじまった小田原城の攻防戦は七月五日、北条氏直の降伏で幕をおろした。このあと、秀吉自身は奥州にまで駒を進めるが、淀殿・松の丸殿ら女性は聚楽第にもどっている。淀殿はそのまま聚楽第にとどまり、淀殿とおねの二人が鶴松の養育にあたる「二人か丶さま」体制になっているのである。

このあたりのことを物語る秀吉書状（「寺村文書」『太閤書信』）がある。天正十九年のいつかは不明で、少なくとも八月五日の鶴松の死以前の文書である。

> かへす〲、おほしめし候て、文、申はかりなく候。両人の御か丶さまへ
> 　事つて《言伝》申候へく候。
>
> 御しよ《書》、かたしけなく存候。はいせう《梅松》めしよせられ候て、らんふ《乱舞》のよし、めてたく存候。た丶いま参候間、御たしなみ候て、御さ候へく候。かしく

御つるまつ《(鶴松)》さま　　　てんか
　　御返事

これは、鶴松が梅松を召し寄せ、乱舞を習っていることを聞いた秀吉が、「すぐ見にいくから」と認めた内容で、追而書《おってがき》の部分に「両人御かゝさま」とあるのが、淀殿とおねの二人の母をさしている。つまり、秀吉は、鶴松に、おねも母と教えていたことがうかがわれるのである。

同じ聚楽第に起居し、「二人かゝさま」体制で鶴松の養育にあたっていたことがこれでわかる。

鶴松の死

ところで、天正十九年（一五九一）という年は、秀吉にとっては、肉親があいついで亡くなった〝魔の年〟であった。まず正月二十二日、秀吉の弟で、文字通り秀吉の片腕となって活躍した秀長が亡くなっている。七月九日には、かわいがっていた養女の小姫《おひめ》が亡くなり、八月五日の鶴松の死へと続くのである。

鶴松は生まれつき病弱だったようで、『御湯殿《おゆどの》の上《うえ》の日記』や『兼見卿記《かねみきょうき》』などによって、しょっちゅう病気になっていたことがうかがわれる。秀長が亡くなった直後の閏正月三日ごろから鶴松が病気となり、秀吉は畿内の神社・仏閣に鶴松の病気平癒の祈禱を行わせている。このときはその効果があったものか、まもなく全快している。

七月十七日、秀吉は淀殿と鶴松を連れて聚楽第を出て、大坂に向かい、その途中、淀城に入り、しばらく逗留している。おねが一人聚楽第に残された形で気になるが、たまたまこのとき、体調がよくなかったからといわれている。

ところが、淀城に逗留中の八月二日、鶴松がふたたび病気となった。病名は不明である。以前のときと同じように、秀吉はすぐさま畿内の神社・仏閣に病気平癒の祈禱を行わせ、さらに、洛中の名医を呼び寄せて投薬治療を行わせた。しかし、このときは快復せず、とうとう八月五日、息を引きとってしまった。二歳三ヵ月、数えで三歳のはかない命であった。

悲嘆にくれた秀吉が自らの髻《もとどり》を切った。諸大名もそれにならって髻を切ったため、塚ができたという。秀吉は悲しみをまぎらわすように七日、清水寺にお参りし、九日から有馬に湯治に出かけている。

なお、この鶴松の死と、文禄の役、すなわち、第一次朝鮮出兵が連動しているとする説が広く流布しているが、それは誤りである。「秀吉は鶴松の死の悲しみをふり払うため、朝鮮への出兵をはじめた」といわれることがあり、事実、江戸時代はじめ、徳川家康の儒者として有名な林羅山《はやしらざん》が著わした『豊臣秀吉譜』にもそのように書かれているので、以前からあった説であることはたしかである。

しかし、秀吉が朝鮮への出兵を口にしているのはすでに天正十三年からで、鶴松の死と直結していたわけではない。

淀城の破却

このように、鶴松が淀城で生まれ、淀城で死んでいることから、鶴松は生まれてから死ぬまで淀城にいたと考えている人が多いようである。しかし、以上述べてきたことからも明らかなように、はじめ大坂城、その後は聚楽第でほとんどを過ごしていたのである。

では、鶴松死後、淀城はどうなったのだろうか。秀吉はもちろん、淀殿にしても、淀城は鶴松の死んだ城であり、淀城にはいい印象をもっていなかったと思われる。大坂と京都の往復に際し、宿館として使われる程度で、文禄元年（一五九二）からは、秀吉の家臣の一人木村常陸介が管理する状態であった。

結局、文禄三年三月七日、伏見城の本格的な普請開始にあわせる形で、三月二十日から淀城の破却がはじまっている。櫓《やぐら》や門などが伏見城に移築されたことはすでに見た通りである。

甥秀次に関白職を譲る秀吉

少なかった秀吉の身内

弟秀長が亡くなり、鶴松も死んでしまったことで、秀吉としては後継者をどうするかが焦眉《しょうび》の課題となった。秀長にも子どもはいなかったので、血縁関係があるということになると、姉と三好吉房の間にできた子二人、すなわち甥にあたる秀次・秀勝（小吉）兄弟ぐらいしかいなかった。

小吉秀勝は、秀吉の養子だった信長四男の於次丸《おつぎまる》秀勝が天正十三年（一五八五）十二月十日に病死したあと、秀吉の養子に迎えられ、同じ名乗りの秀勝を与えられていた。その時点で、秀吉は小吉秀勝を後継者候補の一人と考えていたものと思われる。

ところが、その小吉秀勝は、その後、天正十五年の九州攻めのあとの論功行賞のとき、そんなにも手柄をたてていなかったにもかかわらず、「もっとほしい」といって、秀吉の怒りをかい、所領を没収されたりしていたのである。秀吉は、養子にはしてみたものの、人間性および人格といった点で自分のあとを託すことはできないと判断していたようである。

図11　豊臣秀次（瑞泉寺所蔵）

おそらく、そのようなことが影響していたと思われるが、秀吉は、養子ではないが、小吉秀勝の兄秀次の方に期待をかけていたようである。たとえば、天正十六年の後陽成《ごようぜい》天皇の聚楽第への行幸のとき、秀吉が諸大名などへ忠誠を誓わせるためにとった誓紙《せいし》の署判者として、徳川家康・織田信雄《おだのぶかつ》・宇喜多秀家・前田利家と並んで、秀吉の身内からは弟秀長と甥秀次の二人が入っているのである。このとき秀長は権大納言《ごんだいなごん》、秀次は権中納言という官職であった。石高も、近江八幡城主として二〇万石、年寄分二三万石を合わせると四三万石の大身である。
秀長が亡くなっている以上、天正十三年の四国攻めでも、総大将秀長の副将として活躍した秀次に秀吉が期待を寄せたのも当然といえよう。

秀次が養子となったのはいつか

このことからも明らかなように、秀吉は、関白豊臣政権を支える大事な身分としては、秀長と秀次の二人を別格と考えていたわけであるが、その一人弟秀長が死んでしまったことで、もう一人の秀次の存在がにわかにクローズ・アップされることになった。問題なのは、秀吉がいつの時点で秀次を養子に迎えたかである。

この点について、諏訪勝則氏は「豊臣政権と三好康長——信孝・秀次の養子入りをめぐって」（『米原正義先生古稀記念論集　戦国織豊期の政治と文化』）という論文で、秀次がそれまでの信吉から秀次に改名したのが天正十三年（一五八五）七月二十一日以前であり、この改名を、秀吉に次ぐ、つまり、秀次が一躍秀吉の後継者候補におどり出たという解釈を示し、注目された。

ところが、秀次という名に秀吉に次ぐという意味がこめられたかとなると異論もあり、たとえば、藤田恒春氏は、「秀次という名前から後継者に補されたとするのは少し早計のきらいがあり、この時点で養子として迎えたという確証は今のところないのである」（「秀吉政権下における豊臣秀次」『新しい歴史学のために』二三六号）と批判している。この批判はあたっていると思われる。

この後、鶴松が生まれたので、秀吉は養子のことをしばらく考えなくて済んだわけであるが、鶴松の死で、あらためて養子を迎える必要にせまられることになった。そのときにはもう秀次を養子にするという選択肢しかなかったのである。私は、秀次が養子、しかも単なる養子ではなく、養嗣子になったのを鶴松死後の天正十九年十一月と考えている。

表1　豊臣秀次の官位昇進

官名	任官の時期
少将	天正13年(1585)閏8月22日～10月6日の間
中将	天正14年(1586) 8月1日以前
権中納言	天正15年(1587)11月22日
権大納言	天正19年(1591)11月28日
内大臣	天正19年(1591)12月4日
関白	天正19年(1591)12月28日
左大臣	文禄元年(1592) 1月

関白となる秀次

秀吉が関白に任官したのは天正十三年（一五八五）七月十一日である。その直後の同年閏八月二十二日から十月六日の間に秀次も少将に任官している。その後、中将を経て、天正十五年十一月二十二日に権中納言となっていた。

本来、関白職は将軍職のような形で世襲されるというルールはない。しかし、秀吉の力はこのころになると強大で、「関白を秀次につがせたい」といい出せば、朝廷ではそれを押しとどめることはできなかったのである。とはいえ、朝廷にも官職昇任の一定のルールがあり、権中納言をそのまま関白に昇任させることは無理である。そのあたりは秀吉も承知していて、順序を踏んでいる。

まず、その年、すなわち天正十九年十一月二十八日、秀次を権中納言から権大納言に進め、十二月四日、内大臣とし、十二月二十八日、関白としているのである。一ヵ月の内に権中納言から関白へというわけで、異例の人事であるが、朝廷側は表だって非難することはできなかった。こうして関白職を退いた秀吉は太閤とよばれるようになるのである。

秀頼の誕生と秀次事件

淀殿二度目の懐妊と秀頼の誕生

淀殿を伴った名護屋城への出陣

秀吉が「日本を統一した暁には大陸まで攻め入る」という意思を表明したのは天正十三年（一五八五）のことであった。まだ九州や関東・東北も統一していない段階で、秀吉はすでに他国侵略の構想をもっていたのである。

そして、前述したように、鶴松が亡くなった天正十九年八月五日の直後、具体的には八月十三日、肥後《ひご》の加藤清正・相良《さがら》長毎《ながつね》のもとに、来春出兵することと、肥前《ひぜん》名護屋《なごや》城築城の指示がなされている（『相良家文書』）。十月十日、肥前名護屋城の普請始めが行われ、また、遠江《とおとうみ》の山内一豊《やまうちかずとよ》・松下之綱《ゆきつな》らに軍艦の建造が命じられるなど、いわゆる「唐入《からい》り」

の準備が進められている。

年が明けて文禄元年（一五九二）正月五日、朝鮮を経て明《みん》にまで兵を進める出陣命令が諸大名に出され、三月はじめからつぎつぎに朝鮮へ渡っていった。

はじめ、秀吉は三月一日に出陣する予定でいたが、目を病んだため、いったん十日に延期され、それがさらに二十日に延期され、結局、京都を発したのは二十六日のことであった。この出陣のとき、秀吉は淀殿と松の丸殿を伴っている。天正十八年の小田原攻めのときは、秀吉が笠懸山の城、すなわち石垣山城に到着してから同じように二人を呼び寄せていたが、このときは二人を同道させていた。太田牛一《おおたぎゅういち》の『太閤さま軍記のうち』（『太閤史料集』）に、

三月一日御動座とおほせいだされ候へども、大軍と申すにあひささへ、しばらく御延引。吉例にまかせ、関東御陣へ御供候て、御しあわせよきにつゐて、

北政所・佐々木京極さまに孝蔵主・おちやをあひそへられ、御同陣、供奉人数の事。

服部土佐　御牧勘兵衛　大野木甚之丞　稲田清蔵　荒川銀右衛門　太田又助

御輿かず五十余ちやう、馬上のおんな女房たち百余騎、美々しき御よそおひなり。

とあり、以下、肥前名護屋までのくわしい旅程が記されている。この『太閤さま軍記のう

ち』では、淀殿のことを「北政所」といっている。淀殿は正室だったのである。

ここで注目されるのは、秀吉がはじめから淀殿と松の丸殿を伴って出陣した理由が、「吉例にまかせ」と記されている点である。小田原攻めのとき、淀殿と松の丸殿を呼び寄せ、勝利したことを吉例とし、「今度も」と考えていたことがわかる。それは、『佐竹旧記』所収の常陸佐竹氏家臣平塚滝俊の書状に、「よとの御前様御同心のよし申し候。是は御通り、しれ申さず。相州御発向の時も此の御台様同心御申し、思召こと〳〵の間、御吉例のよしに候」とみえるのでまちがいない。

少し前までの常識では、「血の穢れ」があるため、出陣前数日間は、生理中や出産直後の女性を遠ざけたり、戦場には女性を伴わないのがルールだった。そのためもあり、女性代わりの寵童に身のまわりの世話をさせ、衆道、すなわち男色の風習が生まれたともいわれている。戦国の世も、秀吉の時代になると、そうしたタブーや常識もずいぶん様変わりしたことがわかる。

京都から肥前名護屋まで、淀殿たち女性の乗った輿が七挺もつき従っていたので、行軍のスピードは遅く、しかも、秀吉は淀殿たちへのサービスのつもりだったのであろう。安《あ》芸《き》の宮島、すなわち厳島《いつくしま》神社の参詣などもやっていたのである。結局、ほぼ一ヵ月かかって、肥前名護屋城に入ったのは四月二十五日のことであった。

名護屋在陣中に懐妊する淀殿

秀吉が名護屋城に到着して少しして、秀吉の母大政所の病気が伝えられた。七月二十二日、秀吉はその見舞いのために名護屋城を発しているが、大政所はその日、大坂城で息を引きとっている。秀吉の大坂到着は二十九日のことで、当然ながら母の臨終には間に合わなかった。

八月二日、京都紫野《むらさきの》の大徳寺で大政所の葬儀を盛大に行い、四日には、高野山《こうやさん》に一万石を寄進し、大政所追善のために青巌寺《せいがんじ》を建てさせている。

大政所の葬儀を済ませた秀吉は、この後しばらく京都および大坂に滞在しているが、その間に伏見城の築城を命じている。これは、前年暮、関白職を養子秀次に譲ったとき、関白の政庁としての聚楽第《じゅらくてい》も譲っていたからである。京都における新たな自分の居場所として、隠居所を築くことを思いたち、八月十一日、伏見へ赴き、指月《しげつ》の地が「境地すぐれておもしろきところ」(『太閤さま軍記のうち』)というわけで、伏見指月の地を選び、二十日には早くも縄打《なわうち》がはじまり、普請工事が進められている。なお、秀吉がふたたび名護屋に向けて大坂城を出発したのは十月一日のことであった。ただ、いつ秀吉が名護屋城にもどったのかは、書かれたものがなく不明である。船をうまく使えば七日から十日の行程なの

図12　名護屋城跡

で、遅くとも十月半ばにはもどっていたものと思われる。

秀吉が留守の間、淀殿は名護屋城で待っていた。後述するように、淀殿は翌年八月三日に拾、すなわち秀頼を生むので、逆算すると文禄元年十月から十二月の間に懐妊したことになる。淀殿が少なくとも、その年の十二月晦日の時点でまだ名護屋城にいたことは『毛利家文書』所収の毛利《もうり》輝元《てるもと》宛秀吉朱印状《しゅいんじょう》によってたしかめられる。淀殿がいつ名護屋城をあとにして大坂城にもどったのかも史料がなく不明であるが、真冬の移動は考えにくいので、少し暖かくなった二月に入ってからのことと思われる。ただ、その後の経過からすると、名護屋城を離れる時点では、まだ淀殿も懐妊には気がついていなかったようである。

おねから淀殿懐妊を知らされた秀吉

大坂城にもどった淀殿は、やがて妊娠の兆候がはっきりしてきた。おそらく、淀殿からも直接、そのことを秀吉に報じた書状を出していたと思われるが、残念ながら一通もみあたらない。その代わり、おねから報告があったことは、秀吉のおね宛の返書があることで確認される。文禄二年（一五九三）五月二十二日付で、名護屋《なごや》在陣中の秀吉から大坂城のおねに宛てられた書状（「米沢文書」『太閤書信』）である。その追而書《おってがき》部分が重要で、つぎのように書かれている。

この間は、すこしかいき《咳気》いたし候まゝ、文にて申さず、文のかきはしめ《書初》にて候。又にのまるとの《二の丸殿》のみもち《身持》のよしうけ給候。めでたく候。われ〳〵は小《子》ほしく候はす候まゝ、其の心へ候へく候。大かう《太閤》こ《子》はつるまつ《鶴松》にて候つるか、よそ《他所》へこ《越》し候まゝ、にのまる殿はかりのこにてよく候はんや。

おね宛の手紙なので、子をもたなかったおねに気がねして自分の感情を押し殺しているという面もあったと思われるが、以前の鶴松のときのようなはしゃぎ方をしていなかったことがわかる。あまり大よろこびをして、それがぬかよろこびになることを懸念していたものであろう。「もう子どもはほしくない。今度の子は淀殿だけの子と思っている」と、多少冷めた対応をしている点が注目される。鶴松の死のショックが大きく、このころまで尾を引いていたものと思われる。なお、ここに「二の丸殿」と出てくるのが淀殿のことで、このころ、彼女が大坂城の二の丸で生活していたことがわかる。

しかし、懐妊がはっきりした以上、生まれてくる子が男の子か女の子かわからないにしても、やはり、無事に生まれることを願わずにはいられないわけで、秀吉は寺社への安産祈願を行っている。一例として、福田千鶴氏が『淀殿』で紹介している帥法印歓仲《そつのほういんかんちゅう》の書状（「大阪城天守閣所蔵文書」）についてみておきたい。

帥法印歓仲は、秀吉の側近の一人で、この年七月八日付で、播磨《はりま》の書写山円教寺に対し、安産祈願を依頼している。その文面は、

当山奉加の儀について、金子壱枚禅院方へ相渡し候処、御懇《おねんごろ》に承わり候。しからば、大坂二の丸様御懐躰（胎）の御儀候。御産御平安候はば、猶もつて寄進致すべく候。弥《いよいよ》御祈念尤《もつとも》に候。委曲追つて申し述ぶべく候。恐惶謹言

七月八日　　歓仲（花押）

書写山

行事御中

図13　書写山円教寺

となっている。

私は単純に、秀吉が歓仲に命じて書写山円教寺に淀殿の安産祈願を依頼した文書と読んだが、福田氏は、「これは実際には秀吉から豊臣家の後事を託された寧が歓仲に命じて、茶々の安産祈願を行わせたものであろう」と、寧、すなわちおねが実際にはこのことをとりしきっていたとみている。卓見である。奥向きをとりしきるおねが、淀殿の安産を願い、このような形での安産祈願に動いたものと思われる。おねには、世上いわれるような淀殿との不和、嫉妬心のようなものはなかったといってよい。

秀頼の誕生

そして、いよいよ八月三日、淀殿は大坂城二の丸で秀吉の二人目の男の子を生んだ。さきの鶴松のときと同様、「棄子は育つ」という民間習俗により、今度は「拾」という名前がつけられた。のちの秀頼である。しかもこのときは、実際に、形だけ捨てた上で松浦讃《さぬ》岐《き》守に拾わせることまでしているのである。

　出産場所が大坂城二の丸だったのは、このときは御産所を特に新築しなかったからである。前述したように、淀城の破却がはじまるのは翌文禄三年（一五九四）三月二十日からなので、このとき淀城はまだあった。御産所として築かれた淀城をふたたび御産所に使うという選択肢もあったが、多分、淀殿が淀城での出産を望まなかったのであろう。淀城で鶴松を失うという悲しい思い出があったからである。

　ところで、秀頼の誕生のニュースは、その日のうちに京都にまで届いている。西洞院《にしのとういん》時慶《ときよし》の日記『時慶卿記』の八月三日のところに、

　大坂ニハ、太閤若君「秀頼公ト後ニ号（朱後筆）」御誕生、浅井女ノ腹ト也。

と書きつけている。京都の公家たちにとって、秀吉の後継者がどうなるのか、興味津々だったことを物語っているようである。

　秀頼誕生のことは、おねからすぐ名護屋城の秀吉にも伝えられた。さきに引用した書状で、「もう子どもはほしくない」と、少しすねた感じのいい方をしていた秀吉であるが、

男子誕生となると、いてもたってもいられず、早くも八月十五日、名護屋をたち、二十五日に大坂城に着き、その足で二の丸の秀頼とはじめての対面をしている。

秀頼誕生で変わった淀殿の立場

秀頼を育てる淀殿

秀頼の誕生で大きく変わったことの一つは、秀吉から淀殿への書状が直接出されるようになった点である。「乳をちゃんと飲ませているか」とか、「お拾には灸をしないように」とか、すべて秀頼の養育にかかわる内容であるが、鶴松のときの「二人か、さま」体制とちがって、淀殿一人が秀頼の養育にあたっていることがこうした変化となってあらわれたのである。

たしかに、おねを「まんかかさま」として位置づけ、おねも秀頼のもう一人の母としての扱いをされてはいるが、いきおい、淀殿が大坂城二の丸で秀頼を育てることになると、本丸に住んでいるおねとの距離はどうしても生じ、疎遠になりがちである。

このころ、おねが大坂城本丸に住み、二の丸に淀殿が住み、西の丸には松の丸殿、すなわち京極龍子が住み、棲み分けがなされていて、ある意味では、この居住空間が秀吉夫人としてのランクづけでもあった。本丸のおねが第一夫人、二の丸の淀殿が第二夫人、そして西の丸の松の丸殿が第三夫人というわけである。

ところが、しだいに、淀殿が、秀吉後継者秀頼の「おかかさま」さらには「おふくろさま」として重視されるようになるにつれ、その序列に変化があらわれていることが指摘される。いつの時点かはっきりしないが、この後、おねが西の丸に移り、淀殿と秀頼が本丸に移っており、第一夫人、第二夫人の立場がみた目においても逆転しているのである。

現在までのところ、淀殿と秀頼が大坂城の本丸に入っていることがはっきりする一番早いのは、秀吉が大坂城の城門に関する「掟」十三ヵ条を出した慶長二年（一五九七）四月二十日である。ただし、その年五月十四日には淀殿と秀頼は、伏見城の西の丸に入っているので、大坂城本丸に居住していた期間はそんなに長いものではなかったかもしれない。しかし、前述したように、それまで、秀吉からおねを通して淀殿に指示されていたのが、直接、秀吉から淀殿に書状で伝えられるように変化しており、秀頼の誕生で、おねと淀殿のランクづけに微妙な変化があらわれたことはたしかである。

ここで、ついでなので、淀殿と秀頼の居住地についてふれておきたい。文禄二年（一五九三）八月三日の誕生後はしばらくそのまま大坂城の二の丸で生活していた。翌文禄三年四月、伏見城（指月《しげつ》城）の普請がほぼ終わったところで、秀吉は淀殿と秀頼をすぐ大坂城二の丸から伏見城に移そうとした。ところが、このときは淀殿の反対で実現していない。淀殿が反対したのは、「鶴松が二歳のとき聚楽第から大坂城に移ろうとして、途中の淀城で死んだ。秀頼も今年二歳である」というのが理由だったといわれている。おそらく、淀殿は、鶴松の夭折を、何かの祟りと考えていたものと思われる。秀吉もこのときはそれ以上の無理強いはしていない。

結局、翌文禄四年三月、淀殿と秀頼は伏見城に移っている。そのとき、三月二日には、秀頼の伏見移徙《わたまし》の祝儀として、後陽成《ごようぜい》天皇から剣と馬が秀頼に与えられ、秀吉はわずか三歳の秀頼に叙爵を奏請《そうせい》している。ちなみに、秀頼が従四位下に叙されるのは翌慶長元年五月のことで、その年、十一月十八日、淀殿と秀頼はふたたび大坂城に移っている。本丸に入ったのはこのときではないかと思われる。

そして、前に述べたように、翌慶長二年五月十四日、今度は木幡山《こはたやま》に築かれた伏見城の西の丸に入っているのである。そのまましばらく伏見城に居住するが、慶長三年八月十八日に秀吉が死ぬと、翌四年正月十日、また大坂城にもどっている。

ふたたび亡父・亡母の追善供養

秀頼誕生を契機とする新しい動きとしてもう一つ指摘しておかなければならないのが、淀殿による亡父浅井長政、亡母お市の方の追善供養《ついぜんくよう》である。鶴松を生んだとき、長政の十七回忌、お市の方の七回忌を淀殿が執行したことはすでにみた通りである。実は、秀頼を生んだ翌文禄三年（一五九四）、長政の二十一回忌を執行しているのである。たまたま、十七回忌とか二十一回忌にあたっていたからとみることもできるが、私はむしろ、どちらも、鶴松、秀頼という秀吉の子を生んだことが契機になったのではないかと考えている。というのは、文禄三年の長政二十一回忌には、淀殿は、「亡父浅井長政の菩提《ぼだい》のために一寺を建立したい」と秀吉に申し出、それが許可されているからである。その一寺というのが、現在、京都の三十三間堂の東側にある養源院である。養源院というのは浅井長政の院号で、この寺の建立は文禄三年五月であった。

それだけではない。翌文禄四年は亡母お市の方と、お市の方が再婚した相手柴田勝家の十三回忌にあたり、淀殿はこの十三回忌の追善供養も執行しているのである。この点は、田端泰子氏の「〝大坂冬・夏の陣〟に収斂する淀殿の役割」（『女性歴史文化研究所紀要』一

図14　養　源　院

一号）で紹介された「江州浅井家の霊簿」に、

始観浄金大禅定門施主伏見ノ御カミサマ、

御志為柴田殿也

文禄四年卯月二十一日立之

とあることによってうかがわれる。「伏見ノ御カミサマ」は淀殿で、彼女は、秀吉の許可を得て、秀吉によって滅ぼされた柴田勝家の供養も挙行していたのである。浅井長政にしても柴田勝家にしても秀吉によって滅ぼされているので、秀頼を生んだ〝褒美〟として秀吉が許可したとしか思えない。

秀次事件と北政所・淀殿

秀次事件とは

ここまで、淀殿が秀頼を生んだことで、彼女自身の立場がどう変わったかをみたが、つぎに、秀頼誕生によってまわりの人びとにどのような影響があったかをみておきたい。一番大きな影響を受けたのは、秀吉の養嗣子となり、関白職まで譲られた秀次であった。秀次とその一族が秀吉によって完全に抹殺されていった一連のできごとを秀次事件と称している。そもそも秀次事件とはどのような事件だったのだろうか。

秀次事件というのは、簡単にいえば、実子秀頼を得た秀吉が、わが子かわいさのあまり、関白職を秀次に譲ったことを後悔し、邪魔になった秀次に謀反《むほん》の疑いがあるとして切腹に追いこみ、さらに、秀次の正室・側室全員と、そこから生まれた子どもまで含め、三十九人を京都の三条河原に引きだし、虐殺といってよい殺し方をしたできごとをいう。

事実としてはそうであるが、どうしてこのような事件がおこったのかについては、もう少し掘り下げて考察することが必要である。

秀頼が生まれたとき、秀吉はすでに五十七歳であった。秀吉本人はもちろん、まわりも、「もう秀吉に実子は生まれないだろう」とみていたはずである。その意味でも、秀頼誕生で一番ショックをうけたのは秀次だったと思われる。養嗣子《ようしし》となった立場が危うくなり、自分の地位がおかされることは十分考えられたからである。

おそらく、そうした将来に対する不安感が引き金になったものであろう。心身に不調をきたし、秀次は熱海に湯治《とうじ》に出かけている。秀頼の誕生直後なので、何か関係があったとみるのが自然と思われる。ただ、熱海から淀殿に宛てた手紙をみる限り、秀次と淀殿・秀頼母子の確執はまだ生まれていない。その手紙というのは、『増補駒井日記』文禄二年閏九月十一日条に収録されているものである。原文のまま引用しておこう。

一、みまひとしておほせつかはされ候。
御ひろい(拾)いよ〳〵御そくさいにおはしまし候や。てんかたうちゆへ心よく候まゝ、きつかひあるましく候。さてハ大かう(太閤)の御かたありま御たうち(湯治)、さためてゆふさひ候ハんとをしはかりまいらせられ候。このよし心へ候て申候へく候。かしく

のちの九月六日　　　　　　　　　　　　ひて次

大坂二丸殿（淀殿）

つほねかたへ

この秀次書状をみる限り、文禄二年閏九月の段階で、秀次と淀殿の間に確執があったことは認められない。まったく緊迫した様子があったようには思えないのである。

ところが、十月に入ってやや不穏な動きがみえはじめる。同じく『増補駒井日記』の文禄二年十月朔日条であるが、そこに、

一、木下半介（吉隆）方より申し越し、御ひろい様と姫君（秀次娘）御ひとつになさせられ候ハん由、仰せ出さる由、関白様（秀次）還りなされ御次第、その通り羽筑州（前田利家）夫婦ヲ以つて仰せ出さる由也。

と記されているように、前田利家・まつ夫妻を間にたて、生まれたばかりの秀頼と、まだわずか二歳の秀次の娘とを婚約させるべく、秀吉の方から申し出ていたことがわかる。熱海の湯治からもどる途中でこのことを聞いた秀次は何を思ったろうか。当然、秀吉が、秀頼に関白職をもどしたがっていることは察したはずである。

なお、山科言経《ときつね》の日記『言経卿記』によると、このころ、秀次を引見した秀吉が、日本全土を五つに割り、そのうち四つを秀次に与えると約束したという。「残りの一つを秀頼

に渡してほしい」という意味であろう。こうしたできごとを通じて、秀次も、秀頼の誕生で、秀吉の考えが変わってきたことは気づいたはずである。その時点で、秀次があっさり身を引き、関白職を返上していれば、この後に続く秀次事件はおきなかったかもしれない。しかし、秀次は秀次で、関白としての職務を遂行する責務を強く感じていたのである。

秀次切腹までの顚末

その後しばらくは何ごともなく、平穏な状態が続いた。ところが、文禄四年（一五九五）七月三日、秀次のいる聚楽第に秀吉からの詰問使が乗りこんできて、「秀次に謀反の疑いがあるので糺明する」といってきたのである。『太閤さま軍記のうち』に、

……又、鹿狩りと号して、山の谷、峰、繁りの中にて、より〳〵御謀反談合とあひ聞こへ候。いかなる子細に候や（や）。聚楽より北野大仏までは三十町にすぎざるところ、御着背長《おきせなが》をもたせられ、ひかうぐだん〳〵に事がましき様体なり。太閤の御運のつよきにまかせて、もれきこへ、

上聞にたつし、

文禄四年きのとのひつじ七月三日

民部卿法印　富田左近将監

増田右衛門尉　石田治部少輔

関白殿へつかはされ、いろ〳〵さまぐ〳〵御謀反の子細御せんさくこれあり。

と記されているように、前田玄以《げんい》・富田知信・増田長盛・石田三成ら秀吉の奉行が、謀反のうわさの実否糺明に赴いたことがわかる。

秀次を中心とする「反秀吉一派」が、鹿狩りに名をかりて山中でひそかに落ちあい、謀反のことを相談したというのである。ここにでてきた着背長は鎧のことで、「ひかうぐ」は「ひやうぐ」の誤記と思われ、兵具のことなので、武具を用意していることも通報されていたというのである。

この他、正親町《おおぎまち》上皇の喪中にもかかわらず、鹿狩りをしたとか、鉄砲稽古のため、農民を標的にして撃ち殺したとか、千人斬りをしたことなども罪業にカウントされている。人びとが「殺生関白」とよんでいたことも『太閤さま軍記のうち』にはみえる。

しかし、果たしてこれらのことは事実なのだろうか。私は、秀次事件は冤罪《えんざい》事件だったのではないかと考えている。歴史は勝者が書く勝者の歴史であることを思い返す必要がある。秀吉の行為を正当化するためには、秀次に非があったことを述べなければならない。秀次事件の顚末《てんまつ》を記す太田《おおた》牛一《ぎゅういち》の『太閤さま軍記のうち』は、勝者が書いた勝者の歴史そのものといってよい。

七月八日、秀次は伏見に呼びだされた。しかし、伏見城に入ることはできず、木下吉隆の屋敷に入り、そこで秀吉からの「御対面に及ばざる条、先づ高野山へ急ぎ登山然《しか》るべし」という命令が伝えられ、秀次はそのまま高野山に向かっている。そして、十五日、切腹して果てているのである。

女性たちにとっての秀次事件

秀次に対する謀反の嫌疑、そして高野山への追放、さらに切腹というできごとを、秀吉の二人の正室北政所と淀殿がどのようにみていたかを記したものはなく、二人の心情についてはわからない。もしかしたら、秀吉の説明を聞いて納得していたかもしれない。

秀次の切腹のときはそうだったとしても、その後に続く女性たちへの連座については心おだやかではなかったものと思われる。

秀次の死から半月ほどたった八月二日、秀次の正室および側室たちと、その間に生まれた秀次の子らあわせて三九人が、京都の三条河原に引き出され、そこで虐殺といってよい殺され方をしている。表向きは、夫秀次の謀反の罪に妻と子どもたちが連座したということになるが、秀吉の思いは別なところにあったようである。

要するに、秀吉としては、秀次の係累の根絶をはかろうとしたのではないかと思われる。子どもを一人でも生かしておくことは、わが子秀頼の将来に対する不安材料になるからである。側室たちまで殺されたのは、その時点で側室の中に、秀次の胤《たね》を宿している者がいるかもしれないとの不安があったからであろう。

この三九人の三条河原の虐殺のときも、北政所および淀殿がどのような反応を示したかの史料はない。秀吉を非難したことも特にはなかったようなので、「かわいそうに」ぐらいは思ったかもしれないが、それ以上ではなかったようである。

ただ、この秀次事件を通じて、北政所は、「これで、いよいよ秀頼が豊臣家のあとをつぐ」と思い、秀頼を生んだ淀殿と自分の立場が微妙にちがってくることは感じたはずである。

七月十五日の秀次切腹、八月二日の三九人の三条河原での虐殺という暗い事件が続いたあと、一つの慶事があった。淀殿の末の妹小督《おごう》と徳川家康の三男秀忠との結婚である。

この結婚に、小督の姉である淀殿がどの程度関与していたかはわからない面もある。ましてや、北政所は関知していなかったとされることが多いが、私は、北政所と淀殿の二人が水面下で動いていたのではないかと考えている。

というのは、五八ページでも少しふれたように、徳川家康からの人質として大坂に送られてきた長丸、すなわち秀忠の世話をしたのが北政所だったからである。北政所は秀忠のことをよく知っていた。おそらく、秀吉から「秀忠と小督を結婚させたらどうだ」といわれたとき、北政所は諸手をあげて賛成したと思われる。

一方の小督は、淀殿の妹である。二度の結婚歴はあるが、まだ若く、秀吉としては、政略結婚の持ち駒として重要であり、自分の養女として秀忠に嫁がせることによって、徳川家を姻戚関係にとりこむ最後の切り札と考えていたふしがある。

こうして、秀次事件のあった年、文禄四年（一五九五）の九月十七日、十七歳で初婚の秀忠は、二十三歳で、しかも二度の結婚歴のある小督と伏見城において結婚するのである。のち、秀忠が徳川幕府の二代将軍になるので、「秀忠にはもっとふさわしい結婚相手がいたのではないか」といわれることがあるが、文禄四年という時点をみれば、秀忠は、秀吉の家臣家康の息子の一人にすぎず、のちに、徳川家の家督を譲られることが保障されていたわけではない。むしろ、年上ではあれ、秀吉の養女という小督の方が立場は上であったのである。事実、結婚後も、秀吉養女をうたう小督に対し、秀忠は頭があがらなかった。小督の方が「年上女房」ということもあり、結婚生活においても小督のリードで進められていたのである。

秀吉の死と北政所・淀殿二人の関係

秀吉最後の豪遊——醍醐の花見

厳戒態勢の中の花見

秀吉は花の中では桜が特に好きだったらしく、吉野の花見を盛大にやったこともあり、慶長三年（一五九八）三月十五日には、醍醐寺《だいごじ》三宝院を中心とする上醍醐から下醍醐の広い範囲で盛大な花見の宴をもよおした。

当日は、それまで数日続いていた長雨がうそのように止み、絶好の花見日和となった。『太閤さま軍記のうち』の「御輿《こし》の次第」によると、

一番　政所さま　小出播摩（磨）
　　　　　　　　田中兵部
二番　西の丸さま　木下周防
　　　　　　　　石河掃部

三番　松の丸さま
四番　三の丸さま
五番　加賀さま
六番　大納言殿　御内

朽木河内
石田木工
太田和泉
平塚因幡
片桐東市正
河原長右衛門
吉田又左衛門

とあり、女性たちが六挺の輿で到着していることがわかる。この内、六番の「大納言殿御内」は前田利家夫人のおまつで、一番から五番までが秀吉の正室および側室であった。一番の「政所さま」は北政所で、二番「西の丸さま」は、そのころ、伏見城西の丸に住んでいた淀殿である。三番の「松の丸さま」は京極龍子で、四番の「三の丸さま」は信長の娘、五番の「加賀さま」は前田利家の娘である。

　茶屋も一番から八番まで建てられるなど、秀吉にとって、一世一代の豪遊とよぶにふさわしい華やかさであった。ただ、注目されるのは、『太閤さま軍記のうち』に、「五十町四方山々、廿三ところ御警固をかせられ、申すにおよばず、弓・鎗・鉄炮等の兵具、その手〱の前をうちまはし、伏見より下の醍醐まで、御小姓衆・御馬廻御警固なり。醍醐惣《そう》

図15　醍醐の花見図屛風（国立歴史民俗博物館所蔵）

構《がまえ》には柵・もがり、幾重もこれあり」と記されている警固のものものしさである。

　秀吉といえば、あけっぴろげな性格、陽気な庶民性が売りでもあったはずで、以前は、聚楽《じゅらく》第《てい》から内裏《だいり》へ向かう道中、見物していた若い女性たちに、「これから内裏で能をみるが、一緒にいかないか」と声をかけるようなこともあった。それと、慶長三年のこのときの厳しい警固は、同じ秀吉とは思えないほどである。秀吉が庶民の支持を失っていたことをあらわしているといってよい。

淀殿と松の丸殿の「盃争い」

『太閤さま軍記のうち』にはみえないが、このときのこととして広く知られているのが、淀殿と松の丸殿が盃の順番を争ったといういわゆる「盃争い」の一件である。これは、前田利家の御伽衆《おとぎしゅう》村井重頼が著わした『陳善録』にみえるもので、淀殿と松の丸殿との間に確執があったことはたしかなようである。このとき、仲裁役となったのが北政所と前田利家夫人だったという。桑田忠親氏は、その著『淀君』の中でこの「盃争い」を取りあげ、つぎのように述べている。

……俗説では、淀君と松の丸殿との仲は姻戚関係の上から至って親密であって、両者が結托して正妻北の政所と対抗したように伝えているが、これでは、まるであべこべだ。正確な史料の上では、北の政所が側室の淀君を敵視していたような様子は少しも見られない。これは、秀吉の対策のよろしきを得たためか、北の政所自身の性格の然らしめたところか、明らかではないが、少なくとも、この花見の盃争いの一件では、北の政所は、いかにも正妻然として、側室同士の争いの仲裁役を買って出ている。

本書ですでに何度かふれたように、鶴松および秀頼を生んだあとの淀殿はすでに側室ではなく、二人目の正室としての立場にあったわけで、淀殿と松の丸殿の争いを「側室同志の争い」とみるのはまちがいであるが、北政所が淀殿を敵視していなかったという指摘は重要である。世間でいういわゆる「女の戦争」はなかったと思われる。

「女の戦争」というとき、必ずのように引きあいに出されるのが黒百合の花にまつわるエピソードである。

黒百合の花のエピソードは史実か

時代としては、醍醐の花見をさかのぼること一〇年ほど昔のことになるが、「女の戦争」のことが出たついでなので、ここでふれておきたい。

かつて越中を領していた佐々成政《さっさなりまさ》が、秀吉の九州攻め後、肥後《ひご》一国を与えられたとき、北政所に加賀の白山で採集したという黒百合を贈った。北政所は珍しい花をもらったといって喜び、淀殿を招待する茶会を開いたのである。もちろん、花入れには黒百合が飾られていた。

淀殿は事前に千利休の娘からその趣向を聞き出し、ひそかに手をまわして黒百合を探させたという。そして茶会の当日、淀殿は黒百合を特に賞することもなく、北政所も不審には思ったものの、形通り茶会は終わった。

その三日後、今度は「花摘みの供養」なるものが淀殿のところで開かれるということで、北政所が招待された。そこで北政所が目にしたのは、珍しい花だと思った黒百合が、撫子《なでしこ》などとともに無造作に活けられている光景であった。北政所は恥をかかされたというわけである。以来、二人の仲はさらに悪くなっていったというのが、黒百合の花のエピソードで、『絵本太閤記』や『慶長小説』などに描かれている。

この話、「女の戦争」があったととらえる立場の人にとっては好都合のエピソードで、よく引きあいに出され、小説の題材にもされたりしている。しかし、根拠となる史料も信憑性は低いし、描かれている内容も矛盾だらけで、まったく信用できない。たとえば、佐々成政は天正十六年（一五八八）閏五月十四日に肥後の国人たちによる検地反対一揆の蜂起の責任を取らされ切腹させられているのである。黒百合の話があったとすればそれ以前ということになり、淀殿が鶴松を生む一年も前で、側室となったかまだなっていないかという微妙なころである。淀殿が正室北政所に張りあえるような立場でなかったことはまちがいなく、史実としてはありえないのである。

秀吉の死と変わる二人の立場

秀吉の病状悪化と死後の体制作り

醍醐《だいご》の花見からもどった秀吉は、しばらくの間、何も変わることはなかった。ところが五月五日の端午《たんご》の祝儀後、病気になった。はじめは一種の痢病《りびょう》ということで、周囲も軽く考えていたが、五月下旬ごろから病気が重くなりはじめたようである。イエズス会宣教師フランシスコ・パシオのイエズス会総長宛一五九八年（慶長三）十月三日付書簡（家入敏光訳・松田毅一注「南蛮史料　太閤秀吉の臨終」『歴史読本』一九七五年三月号）によると、五月の終わりごろには秀吉が胃痛を訴えるようになったという。

それでも、そのころはまだ寝たり起きたりの状態であったが、六月十六日、無理をして、高野山金剛峯寺《こうやさんこんごうぶじ》の金堂を伏見に移す工事の普請現場をみにいったことで、病状を悪化させてしまったのである。この後、秀吉は一五日間、食事をとれない状態が続いた。

七月一日には、北政所の奏請で、内侍所《ないしどころ》で秀吉の病平癒の神楽《かぐら》が奏されたが、翌二日には秀吉は二時間ほど気を失い、一時は人事不省の危篤状態となっている。八日には、今度は秀頼の奏請《そうせい》によって、やはり内侍所で神楽が奏されている。

こうなると、さすがの秀吉も死期が近いのをさとったらしく、秀吉は死後の体制を考えて、石田三成・長束正家《なつかまさいえ》・増田長盛・浅野長政・前田玄以《まえだげんい》の五人を五奉行としたのである。大坂城と伏見城に集められた諸大名に秀吉から十一ヵ条の覚《おぼえ》が示されたのは七月十五日のことであった。これは正式には、「太閤様御煩い成され候内に仰せ置かせられ候覚」と題するもので、第一条が徳川家康、第二条が前田利家、第三条が徳川秀忠、第四条が前田利長、第五条が宇喜多秀家、第六条が上杉景勝《うえすぎかげかつ》と毛利輝元、第七条と第八条は五大老全員、第九条から第十一条までは前田玄以と長束正家にそれぞれ与えた遺言の形をとっていた。五大老および五奉行の面々は、この遺言に対し、起請文《きしょうもん》を記し、血判《けっぱん》を捺している。

八月五日、秀吉は、「秀頼事、成りたち候やうに、此の書付の衆として、たのみ申し候。なに事も、此のほかにはおもひのこす事なく候。かしく」という有名な五大老宛の遺言状

図16　阿弥陀ヶ峰　豊臣秀吉の墓

を書いているが、このころはもうかなりの重態であった。

十一日には、五奉行から重ねて誓書が家康に提出され、狂乱状態になった秀吉は、パシオ書簡に、「種々多くの愚かしいことを讒言《ざんげん》しました。でも息子（秀頼）のことに関しては、彼を日本の国王に推挙するようにと、最後の息をひきとるまで、懸命にかつ念をおして語っていました」とあるように、最後の最後まで秀頼を豊臣政権の後継者とするという執念を捨て切れないでいたことがわかる。

結局、秀吉は八月十八日、息を引きとった。死因については、労咳《ろうがい》・喘息《ぜんそく》・腎虚《じんきょ》など諸説あるが、肺癌ではないかともいわれている。辞世はあらかじめ用意されていたもので、

つゆとをちつゆときへにしわがみかな
　難波の事もゆめの又ゆめ

というものであった。

秀吉が死んでも喪はすぐに発せられなかった。そのことが朝鮮出兵中の諸将に伝われば、どのような混乱が生ずるか予測もつかなかったからである。秀吉の死を隠したまま、徳川家康・前田利家主導による朝鮮からの撤退命令が出されている。

北政所の落飾はいつか

そうしたこともあって、北政所はすぐには落飾《らくしょく》しなかった。北政所が落飾すれば、秀吉の死がすぐ世間に知れ渡ってしまうからである。「八月十八日、北政所は秀吉の死とともに落飾した」と書かれたものを目にすることがあるが、根拠となる史料はない。一般論として、夫の死とともに妻が落飾するという社会的通念によって書かれたものと思われる。

では、北政所が落飾し、尼になったのはいつのことなのだろうか。田端泰子氏の『北政所おね』によると、慶長七年（一六〇二）十二月になっても、彼女のことを北政所と書いている史料が存在するという。北政所に高台院《こうだいいん》という院号が勅賜されるのが翌慶長八年十一月三日なので、正式にはそのときではないかと思われる。

淀殿・秀頼が伏見から大坂に移る

秀吉が亡くなる前に出した諸大名への遺言によって、秀頼を大坂城に移し、それを五大老の一人前田利家が補佐し、同じく五大老の一人徳川家康は伏見城に残って政務を執るという、大坂・伏見の「二頭体制」が定められていた。秀吉としては、パシオ書簡にもあるように、秀頼を実力ナンバー・ワンの家康に託すといっているが、実際のところは、若いころからの同僚でもあり、妻同士も仲のよかった前田利家を頼りにしていたものと思われる。

もっとも、その遺言にもかかわらず、秀頼の大坂への移転は先送りされていた。それは秀吉の死が隠されていたからである。

ところで、これら秀吉の遺言で、妻たちの処遇にふれたものが意外と少ないのに気づく。このことについてふれているものの一つが『上杉家年譜』の記述である。そこでは、家康を伏見に置き、秀頼を大坂城に移すことを記すとともに、北政所を伏見城に移し、淀殿を大坂城に移すという遺言があったとしている。秀頼が大坂城に移れば、その母である淀殿がまだ幼いわが子と移ることは当然といってよい。しかし、北政所を伏見城に移すことにどのような意味があったのだろうか。家康の政権簒奪《さんだつ》の動きを牽制するねらいがあったものなのか、このあたりの処置については疑問がある。

朝鮮渡海中の将兵がその年のうちに帰国したこともあり、翌慶長四年（一五九九）正月十日、淀殿と秀頼が伏見城から大坂城に移っている。秀頼が豊臣家の当主であり、大坂城はその豊臣家の城なので、本丸に入った。本丸にいた北政所は玉突き的に西の丸に移っている。このとき、北政所が秀吉の遺言に従わず、伏見城に移ろうとしなかった真意もいまとなってはわからない。

この後、秀吉の遺言通り、家康は伏見で政務を執り、利家は大坂で秀頼を補佐し、秀吉が構想した「二頭体制」は順調なすべり出しをみせている。ところが、同年閏三月三日、利家が没したことで、それまでかろうじて保たれていたバランスが崩れることになった。利家の死の影響はすぐその日の夜にあらわれ、加藤清正・福島正則・黒田長政・浅野幸長《あさのよしなが》・池田輝政・細川忠興《ほそかわただおき》・加藤嘉明《かとうよしあき》のいわゆる七将が、石田三成を殺そうとして、大坂の石田三成邸を襲撃しているのである。

これまでの通説では、このとき、三成が逃げ場を失い、死中に活を求める形で徳川家康邸に逃げこみ、家康の調停によって命は助けられたが、その代わり、居城の佐和山城に蟄居《ちっきょ》させられたと理解されてきた。この点について、笠谷和比古氏は『関ヶ原合戦と大坂の陣』（『戦争の日本史』一七）で、関連史料を洗い直し、家康邸に逃げたというのは誤りで、実際は、伏見の屋敷、具体的には伏見城の一画を占める治部少丸《じぶしょう》（治部少曲輪とも）だったことを明らかにしている。首肯できる結論である。

利家の死で、秀吉の遺言だった「伏見の家康、大坂の利家」という支配のしくみは意味をもたなくなった。家康としては、五大老筆頭として政務を執らなければならず、また、利家亡き後、秀頼の補佐もしなければならないというわけで、伏見ではなく、大坂に本拠を置く必要を考えていた。それを実行に移したのはその年の九月に入ってからである。

九月九日は周知のように重陽《ちょうよう》の節供《せっく》である。家康は、その九日に秀頼にお祝いを述べるため、七日に伏見をたって大坂に向かっている。このときの出発は、表面的には重陽の祝賀であったが、その後の展開をみると、家康ははじめから別な目的をもっていたことが明らかとなる。

石田三成がすでに佐和山城に退いていたので、大坂の三成邸が空屋敷となっており、そこに入り、その後、三成の兄石田正澄の屋敷に移っている。九月十二日のことである。家康はそこに腰を落ち着け、政務を執りはじめた。しかし、五大老筆頭として、秀頼を補佐し、秀頼に代わって政務を執る場所としては、石田正澄邸は手狭であった。家康の方から北政所に直接申し入れたのか、窮状を心配した北政所の方から打診があったのか、北政所がいた大坂城西の丸に入ることになったのである。

この間のいきさつを記す史料に、家康の侍医板坂卜斎《いたさかぼくさい》の『慶長記』（『家康史料集』）がある。別名「慶長板坂卜斎覚書」とか「板坂卜斎記」などともよばれているが、このころの家康の動きを知る上で貴重な情報が含まれている。その『慶長記』につぎのような記述がある。

一、大坂にては備前嶋御座所にいかゝと申、増田右衛門尉所(長盛)へかりに移し申、二日過て大坂城中に石田杢頭(正澄)家を立退、其身は堺へ参られ候。元来堺町奉行。杢頭壱万石の身上にて候へ共、当座御座成され候にはせはく(狭)もなく候。程無く、廿日計《ばかり》の内に政所京へ御上り、杢家は用心もいかゝと政所御家は禁中南、秀吉京へ御上り候時の御家也。誰も申さず候へ共、政所の御はから(計)ひ也。政所御座候所へ御移り。西丸と申くるわ(曲輪)にて候。杢頭家へは平岩主計頭(親吉)うつり居申候。

ここに「石田杢頭」とあるのが石田三成の兄正澄のことである。ここには「政所」と出てくるが、北政所のことで、『慶長記』によると、北政所の方から、「自分は大坂城を出て、京都に移り住むから、西の丸に入るがよい」と、家康に申し出たとしている。

このことをもって、北政所が淀殿を嫌い、その対抗上、家康を大坂城に引き入れたとし、

「女の戦争」説の論拠とされることがあるが、それはどうであろう。従来は、どうしても、有能な北政所に無能な淀殿というイメージが先行し、淀殿の素行問題に嫌気がさした北政所が大坂城から去ったととらえる傾向にあった。しかし、この二人に確執があったということについては跡部信氏の明確な反論があり、そのままに認めることはできない（「高台院と豊臣家」『大坂城天守閣紀要』三四号）。

私は、北政所が、豊臣政権の政務を執る場所は石田正澄邸などでなく、大坂城内であるべきと考え、家康にその場所を譲り、秀吉の遺言に従って大坂城を出る決心をしたのではないかと考えている。豊臣家安泰を願っての行動であったと思われる。ただ、移った場所が、秀吉の遺言でいう伏見城でなかったのはどうしてなのだろうか。

北政所が京に居住したのはなぜか

北政所が大坂城西の丸を出たのは慶長四年（一五九九）九月二十六日のことで、これは各種史料によって確実である。ところが、その後、家康が西の丸にいつ入ったかについてはちがいがみられる。『史料綜覧』は九月二十八日としている。これは「関原日記」に「廿八日、徳川殿大坂西ノ丸に移らせらる」とあることなどによって確定されたもので、これが通説となっている。ところが、一日前の二十七日だったことを記す史料もある。たとえば、その年の十月十七日付最上義光宛家康書状（『書上古文書』）には、「去廿七日大坂相移、残る所無く申し付く条、御心易かるべく候」とあり、二十七日に大坂に移ったことを報じている。すでにみたように、九月九日の重陽の節供のために伏見を出て大坂入りをしたのは九月七日のことで、ここでわざわざ「大坂相移」といっているのは、大坂城西の丸に入ったことをさしているものと思われる。北政所が出たつぎの日に家康が西の丸に入ったことは、たまたま空いている西の丸に家康が目をつけて入ったとみるのではなく、北政所との間に何らかの事前の了解があったとみるべきであろう。

大坂城西の丸を出た北政所が向かったのは先の『慶長記』にも書かれていたように、「禁中南、秀吉京へ御上り候時の御家」であった。これが、通称、三本木の屋敷といわれるもので、豊国《とよくに》社の創建にかかわった神龍院梵舜《しんりゅういんぼんしゅん》の日記『舜旧記』（『梵舜日記』とも）に「京の城」と書かれたところである。もっとも、現在、北政所が住んでいた三本木の屋敷は、その痕跡が何もない。現在の京都市中京区東洞院通《ひがしのとういんどおり》の場所で、そこは京都御所の一部になってしまっているからである。

北政所が伏見ではなく、京都を居住の地に選んだのは、京都に秀吉の遺骸が埋葬されていたからであった。秀吉の遺骸は喪が隠されていたこともあって、しばらくの間は伏見城に置かれていたが、やがて、豊国社の建設がはじめられ、遺骸も方広寺《ほうこうじ》の東、阿弥陀ヶ峰の山頂に埋葬されている。豊国社の仮殿ができあがったのが慶長四年四月十六日で、翌十七日に故秀吉に対し、「豊国大明神」の神号が与えられ、翌十八日に正遷宮《しょうせんぐう》が挙行されたのである。

八月十八日の一周忌には北政所が社参しており、以後、毎月のように命日の十八日ないしその前後の社参が恒例となっていた。秀吉死後の「後家役割」の一つ、亡き夫の菩提を弔う北政所としては、大坂や伏見より豊国社に近い京都に居を定めるのは当然のなりゆきだったといってよい。

ちなみに、「後家役割」のもう一つは、大坂城に残った淀殿が分担することになる。ふつうの場合、この「後家役割」は二つとも一人の女性が担うわけであるが、秀吉の場合はちょうど二人の正室が分担する形になったのである。

関ヶ原の戦いとその後の二人

北政所と小早川秀秋

北政所家康加担説の虚実

慶長五年（一六〇〇）の関ヶ原の戦いのとき、北政所は中立の立場ではなく、東軍家康の肩をもったといわれている。家康に加担し、豊臣家の滅亡に手を貸したというわけである。その最大の根拠とされているのが、東軍につくか、西軍につくか去就をはっきりさせていなかった小早川秀秋《こばやかわひであき》に対し、東軍家康方につくことを説得したのが北政所だったといわれているからである。

戦いを前にして、迷っていた秀秋が京都三本木《さんぼんぎ》の北政所を訪ねて相談をもちかけたとき、「徳川方につきなさい」と家康方につくことを示唆されたといわれている。ところが、意外なことに、このことを示すたしかな史料はないのである。北政所家康加担説はどうして生まれてきたのか、きちんと論証しなければならないと思われる。そこで、北政所と小早川秀秋の関係についてあらかじめみておき、この問題を考えてみたい。

小早川秀秋は北政所の兄木下家定の五男である。略系図にすると、図17のようになり、このうち、次男利房の系統が近世、備中足守《びっちゅうあしもり》藩主として続き、「木下家文書」を伝えている。

五男秀秋は秀吉の養子となって、左衛門督《さえもんのかみ》に任官し、その唐名《とうみょう》である金吾という名でよばれ、のち、中納言に任ぜられても、そのまま金吾中納言の名でよばれていた。子のなかった秀吉に特にかわいがられ、周囲も、一時は秀秋を秀吉の後継者候補に考えていたようである。

図17　小早川秀秋略系図

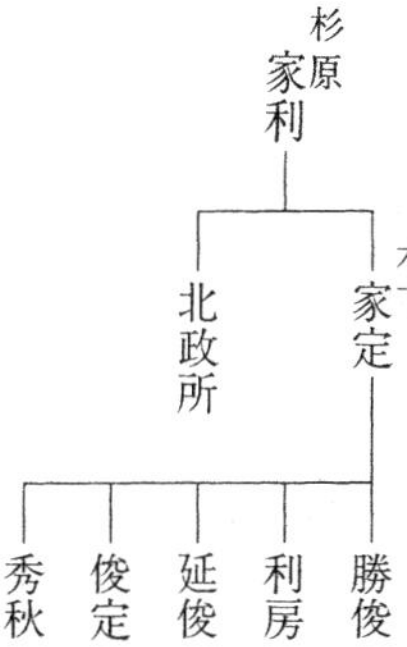

ところが、秀吉に実子鶴松、さらに秀頼が生まれたため、結局は、豊臣家を追い出される形で毛利両川《りょうせん》の一家小早川家の養子として送りこまれている。しかもこの養子縁組には複雑な背景があったのである。

そのころ、毛利輝元に実子がなかったので、秀吉は毛利家を取りこむことを考え、自分の養子だった秀秋

図18　小早川秀秋（高台寺所蔵）

を輝元の養子として、毛利本家をつがせるつもりでいた。そのことを知った小早川隆景《たかかげ》が、自分のところにも実子がいなかったことを幸いに、秀吉の方から「秀秋を輝元殿の養子に」といってくる前に、隆景の方から「秀秋殿を私の養子に」と申し出、その間に手を打って、輝元には弟を養子にするよう急がせたといわれている。要するに、秀秋は、毛利本家に他家の血が入ることを嫌った隆景によって、毛利本家の純血を守る防波堤として使われたことにもなるのである。このいきさつを秀秋がどの程度知っていたかはわからないが、後年、豊臣家を裏切る伏線のようなものが潜んでいたのかもしれない。

隆景の死後、秀秋が小早川家をつぎ、筑前《ちくぜん》名島《なじま》三三万石の大名となり、慶長の役には、十六歳ながら総大将として朝鮮半島に渡っているのである。ところが、そこでの軽挙妄動がとがめられ、秀吉の怒りをかい、名島三三万石が没収され、代わりに越前北ノ庄一二万石に格下げされている。秀吉が亡くなったのはその直後であった。

格下げされたことで秀吉に対する不満をもっており、それはそのまま豊臣家に対する不満にもつながったと思われる。秀秋がふたたび名島に返り咲き、三五万七〇〇〇石と、以前より加増されたのは、家康の計らいがあったからで、これも、後年、関ヶ原のとき、秀秋が東軍に寝返る伏線となった。

慶長五年、関ヶ原の戦いが勃発する直前、前述したように、去就に迷った秀秋が三本木の屋敷に北政所を訪ね、北政所の指示で、東軍に加わる決意をしたといわれている。果たして、それは事実なのだろうか。

実は、秀秋が戦いのはじまるかなり前、すでに、家康に味方することを表明していたとする史料もあるのである。たとえば、秀秋の家老だった稲葉正成の家譜（『寛政重修諸家譜』稲葉正成系譜）には、

慶長五年上杉景勝叛逆により、東照宮会津御発向きこゑあるの時、正成、秀秋が使者となりて伏見に参り、山岡道阿弥をもつて言上しけるは、もし上方において逆心の者あらば、秀秋よろしく忠節をつくすべし。其の時にあたりて、兵を原野に出さば、

功をなすことあたはじ。播磨国姫路城は、秀秋が兄木下右衛門大夫延俊が守れるところなり、ねがはくばこの城をかりて居城とし、兵略をほどこさんとこふ。東照宮これをゆるしたまふ。よりて申通ずといへども、延俊あへてうけがはず、ついに秀秋と交をたつ。この時にあたりて、正成、秀秋をたすけて、もつぱら其事を謀る。

とみえ、秀秋が早い段階で、家康方となる態度を表明していたことは事実と思われる。しかし、実際は、戦いが勃発したとき、伏見城の鳥居元忠に加勢を申し出たが疑われ、結局、三成方として伏見城攻めに加わることになったというわけである。

『関原軍記大成』によれば、三成は安国寺恵瓊《あんこくじえけい》・大谷吉継・長束正家《なつかまさいえ》・小西行長の五名の連署の誓書を秀秋に出し、秀秋を西軍にとどめるべく動いていたという。その連署誓書には、

一、秀頼が十五歳になるまでは、秀秋を関白とする。
二、上方賄料《まかない》として、従来の筑前のほか、播磨一国を加増する。
三、近江において十万石宛、老臣の稲葉正成・平岡頼勝に与える。
四、当座の音物《いんもつ》として、黄金三百枚を稲葉・平岡の両人に与える。

という四ヵ条が書きこまれていたという。同書の史料としての信憑性からすると、そのま

ま一〇〇％は信じられないにしても、それに近い約束はあったかもしれない。

それに対し、家康方からも恩賞の提示があった。東軍家康も、西軍三成も、このころになると恩賞をちらつかせての多数派工作を、みえも外聞も捨てて積極的に行なっていたことがわかる。家康からの誘いは、戦いのまさに前日、九月十四日付の本多忠勝・井伊直政連署の誓書の形をとっている。これも『関原軍記大成』に収められているものであるが、こちらは文面、体裁からいっても信用できそうである。

起請文前書の事

一、秀秋に対し、聊《いささか》もつて内府御如在《ごにょざい》在るまじき事

一、御両人、別して内府に対せられ御忠節の上は、以来内府御如在に存ぜらるまじき事

一、御忠節相究まり候はば、上方に於いて両国の墨付、秀秋ぇ取り候て、まいらすべく候事

右三ヶ条両人請取申候。若《も》し偽り申すに於いては、忝《かたじけなく》も梵天《ぼんてん》・帝釈《たいしゃく》・四大天王、惣じて日本国中大小神祇、別して八幡大菩薩・熊野三所権現・加茂・春日・北野天満大自在天神・愛宕《あたご》大権現、御罰を蒙るべき者也。仍《よ》つて起請文件《くだん》の如し。

図19　松尾山城跡虎口

慶長五年九月十四日
本多中務大輔忠勝血判
井伊兵部少輔直政血判
平岡石見守殿
稲葉佐渡守殿

本多忠勝・井伊直政は「徳川四天王」とうたわれた内の二人で、このとき、家康に従軍して関ヶ原にきていた。重臣が秀秋の重臣に出していて、書札礼《しょさつれい》もあっているし、文言も問題ないと思われるので、このとき出されたものとみてよい。家康としては、あらかじめ東軍につくことを表明していたとはいえ、伏見城を攻めたり、松尾山に布陣するなど、去就に一抹の不安があり、直前になって、「上方で二ヵ国差し上げましょう」と、秀秋の寝返りを誘う内容となっている。

こうした秀秋をめぐる一連の動きをくわしく追ってみると、そこには、北政所の示唆で徳川方につくことを決めたというたしかな証拠がみあたらないのである。

秀秋が北政所を訪ね、その指示を仰いで東軍に加担することを決めたというのは飯田忠彦の著わした『野史《やし》』にみえている。今後はその出典が何だったのかも含め、北政所家康加担説は検討が必要と思われる。

ただ、北政所が秀秋に、「徳川方につきなさい」と直接はいっていなくても、徳川方の武将が、「徳川方につくのは北政所様の意向である」といっていた可能性はある。関連文書もあるので、つぎにその点をみてみたい。

北政所をだしに使った説得か

徳富蘇峰《とくとみそほう》が『近世日本国民史』十一巻の『家康時代上巻　関原役』のなかで紹介した文書に、小早川秀秋宛浅野幸長《よしなが》・黒田長政連署状がある。


尚々急ぎ御忠節尤《もっとも》に存じ候。以上。

先書に申し入れ候と雖《いえど》も、重ねて山道阿弥(山岡)所より両人之を遣わし候条、啓上致し候。貴様何方《いずかた》に御座候共、此の度御忠節肝要に候。二三日中に内府公(家康)御着きに候条、其以

屏風（大阪歴史博物館所蔵）
と，それに続き伊吹山へ敗走する西軍を描く．

前に御分別此の処に候。政所様へ相
つゝき御馳走申さず候ては叶わざる両
人に候間、此《かく》の如く候。早々返事示し
待ち候。委敷《くわしく》は口上に御意を得べく候。
恐惶謹言
（慶長五年）八月廿八日
浅野左京大夫（幸長）（花押）
黒田甲斐守（長政）（花押）
（小早川秀秋）筑前中納言様
人々御中

この文書、書状なので年は書かれていない。しかし、内容から慶長五年の関ヶ原前夜のものだということがわかる。家康の江戸出発は九月一日のことなので、実際には八月二十八日の時点で、家康が二、三日中

図20　関ヶ原合戦図
右手から石田・島津・小西らの陣をせめる東軍

に関ヶ原近辺まで来るということはありえないわけであるが、秀秋の決断を迫るため、あえてこのような緊迫した文言にしたものと思われる。

ここで注目されるのは、浅野幸長にしても黒田長政にしても、前田利家の死の直後、石田三成を討とうとした例の「七将」のメンバーだった点である。はじめから東軍に属すことを表明していたような二人が、自分たちのことを「政所様へ相つゝき御馳走申さず候ては叶わざる両人」といっていることである。

たしかに、二人とも「政所様」すなわち北政所の世話になっている。黒田長政は秀吉の人質となっていた松寿丸とよばれたころから北政所に育てられたし、浅野幸長は、秀次事件に連座しそうになったとき、北政所の尽力によって助かったという経緯があり、二人とも、「北政所のために自分たちは東軍家康方になっている」と、同じように世話になっていた秀秋に対し、「われわれと同じく、早く、徳川方になると返事してほしい」とせっついていたことがわかる。

このことについて、同文書に着目した笠谷和比古氏は、『関ヶ原合戦――家康の戦略と幕藩体制』の中で、「この関ヶ原合戦の原因の一つをなし、同合戦における両陣営の勢力分布を規定する要因として、北の政所と淀殿の確執という問題が伏在していたことを明確に実証するものでもある。そして北の政所に好意を寄せ、彼女のために尽くすということは、とりもなおさず家康に与同して、淀殿と三成の勢力に敵対することであるということが、率直な実感として人びとのあいだで共有されていたということなのである」とまとめている。

笠谷氏は、北政所と淀殿との間に確執があったことを前提としているが、それはどうなのだろうか。私は、あくまで、浅野幸長・黒田長政の二人が北政所への忠節を説くのは、北政所に世話を受けた秀秋を説得するためにいわば、だしに使っているのではないかとみている。そのことを別な角度からみておきたい。

関ヶ原前後二人の確執はあったか

関ヶ原前哨戦といわれるものの一つで、また、美濃《みの》の関ヶ原本戦とはちがうので「地方版・関ヶ原」などといわれる戦いに大津城の攻防戦がある。はじめ西軍で、そのあと東軍に属することになった京《きよう》極高次《ごくたかつぐ》を、毛利元康を大将とする立花宗茂《たちばなむねしげ》・筑紫広門《つくしひろかど》ら一万五〇〇〇が攻めたものである。

松の丸殿救出に力を合わせる二人

西軍の大軍が大津城を包囲したのは九月七日で、城兵はよく守ったが、とうとう十三日早朝からの総攻撃で、その日の夕方には二の丸が落とされ、本丸だけになってしまった。

このとき、立花宗茂軍は三井寺の高いところから大筒で天守閣をねらい、撃った弾が天守閣の二重目に命中し、そこにいた松の丸殿の侍女二人が微塵に撃ち砕かれ、松の丸殿本人は気絶したといわれている。松の丸殿は、秀吉死後、弟の高次を頼り、大津城で生活していたのである。

もはや落城は時間の問題と思われたとき、北政所と淀殿が協力し、松の丸殿と高次・お初夫妻の救出に動いている。いうまでもなくお初は例の浅井三姉妹のまん中、つまり、淀殿の妹である。

このときの北政所・淀殿による共同行動は「関ヶ原御合戦之時大津城責之覚」（『筑紫古文書』所収）につぎのように記されている。

一、二、三の丸責落《せめおち》、本丸計《ばかり》に成たる時、政所様、秀頼御袋様より御使参り候。高（孝）蔵主、あいば（饗場）どの、高野の木食上人《もくじきしょうにん》来られ候。松丸殿いだし申す様にとの儀に付、あつかい澄（済）候。松丸殿京へ送り、城請取り、城代に石河掃部《かもん》居申され候。宰（京極高次）相殿は高野へ送り申さずにて候。井手玉水まで送り、其内に関ヶ原落去仕たる左右《そう》御座候に付、面々国々へ帰り候。

政所様は北政所、秀頼御袋様が淀殿で、北政所の使者として孝蔵主・淀殿の使者として饗庭局《あえばのつぼね》がやってきて、松の丸殿らの救出をはからせていたことがわかる。

この「覚」は日付の記載がなく、北政所・淀殿による講和の斡旋がいつ行われたかがわからないが、このとき大津城の攻防戦に加わっていた諸将の系譜を『寛政重修諸家譜《かんせいちょうしゅうしょかふ》』でみると九月十四日だったことが明らかである。まさに関ヶ原の戦いの一日前であった。

つまり、この大津城攻めに加わっていた一万五〇〇〇の大軍は、翌十五日の関ヶ原の戦いには間にあわなかったのである。だからこそ、無血開城してしまった京極高次に対し、家康は、論功行賞で若狭《わかさ》一国八万五〇〇〇石を与えたわけである。大津城に一万五〇〇〇の西軍を釘づけにした功を高く評価したことになる。

西軍敗北と大坂城の淀殿

九月十五日の関ヶ原の戦いは、東軍家康方の勝利で終わった。西軍大敗の報を大坂城の淀殿がどのような思いで聞いたのかについては書かれたものがなくわからない。もちろん、心情的には淀殿は西軍石田三成に勝ってほしいと思っていたと考えられるが、そもそも関ヶ原の戦いにおいて、淀殿・秀頼は西軍支援の立場ではなかった。むしろ、形の上では東軍家康方に立つ形だったのである。

というのは、六月十八日、家康が会津上杉攻めに向かう三日前の十五日、秀頼が大坂城の西の丸に家康を訪ね、そこで、家康に黄金二万両と米二万石を贈っているからである。これは、いわば会津攻めの軍資金であり、会津攻めが家康対上杉景勝の私戦ではなく、秀頼の命を受けた戦いであるという形をとるための演出であった。家康は、「秀頼様のために景勝を討伐するのだ」という大義名分を得て出陣し、途中、石田三成の挙兵によってもどってきたわけで、淀殿としても、積極的に三成を支援することができなかったのである。

九月十五日の決戦を前にして、三成から大坂城の毛利輝元に対し、出馬を要請する密書が出されたことは『古今消息集』所収の文書によってわかる。おそらく、最終局面では秀頼の出馬を要請する文書も出されていたろう。

ところが、実際には毛利輝元の出馬もなく、秀頼の出馬もなかった。秀頼の出馬がなかったのは、淀殿の反対があったからと思われる。秀頼に、その後火の粉がかかってこなかったという点では、それは正解だったかもしれない。もっとも、逆に考えれば、秀頼側の士気があがり、関ヶ原の戦いで西軍が勝利を収めた可能性も出てくるわけで、そのあたりの判断はむずかしい。結果的には、淀殿・秀頼はまったく関係なく、三成らが責任を負う形で処刑されて終わっているのである。

ただ、まったく無傷というわけではなかった。関ヶ原の戦いの前まで、豊臣家の直轄地はおよそ二〇〇万石におよんでいた。ところが、戦いの後は、摂津《せっつ》・河内《かわち》・和泉《いずみ》の三ヵ国の中で六五万七〇〇〇石を領する一大名に転落させられてしまったのである。このとき、淀殿、あるいは北政所がどのような反応をしたのか史料に残っていればおもしろいが、残念ながら残っていない。

もっとも、関ヶ原の戦いで東軍が勝利したということで、家康と淀殿・秀頼の立場が逆転したと考えるのは早計である。家康の立場は依然として、「天下の家老」のままであった。それは、翌慶長六年（一六〇一）の正月の様子からもうかがわれる。正月十五日、諸大名が秀頼に年始の挨拶に出向いているが、その中に家康の姿もあったのである。

また、そのころのこととして注目される動きがあった。翌二月、淀殿と秀頼が、家康と秀忠の二人を招き、饗応しているのである。このことは公家の日記や、他の豊臣方の史料にはみえず、『朝《ちょう》野《や》旧聞裒藁《きゅうぶんほうこう》』所収の「慶元記」や「国朝大業広記《こくちょうたいぎょうこうき》」といった徳川方史料にみえるだけなので、内々の非公式の招待だったのかもしれない。

公式なのか、非公式なのかもわからず、何のための饗応であるかも書かれていないのでよくわからないところもあるが、慶長六年二月ということを考えると、前年の関ヶ原の戦いの東軍勝利を祝い、その功労を賞するためのものだったとみることはできる。

関ヶ原前後の北政所の動き

小早川秀秋の面倒をみる

大坂城を出て、京都三本木《さんぼんぎ》の屋敷に移り住んだ北政所は、関ヶ原の戦い前後、これといった政治的な動きをしていない。東軍徳川方が勝つよう積極的に動いたということもないし、逆に、西軍のために働くということもなかった。中立を保った形である。

それは、すでに述べたように、関ヶ原の戦いそのものが、家康対秀頼の戦いではなく、北政所としては、動きのとりようがなかったためでもある。

ただ、関ヶ原の戦いが東軍の勝利に終わったのは、小早川秀秋の寝返りによるものだということを知ったときの北政所の思いは複雑なものがあったと考えられる。三歳のころから面倒をみ、一時は秀吉の後継者にもと考えた秀秋のことである。その秀秋の決断が勝敗を決めた形になったわけで、豊臣対徳川という構図に微妙な変化が生ずるであろうことは感じとったはずである。

さて、その秀秋であるが、関ヶ原の戦いの直後、家康からつぎのような感状（「木下家文書」）を与えられている。

今度《このたび》関ヶ原に於いて御忠節の儀、誠に感悦の至りに候。最前よりの筋目相違無き儀、別して祝着《しゅうちゃく》に存じ候。向後、武蔵守（秀忠）同前に存じ、疎略有るべからず候。委細は井伊兵部少輔（直政）申し入るべく候。恐々謹言

（慶長五年）九月廿四日　　家康（花押）

筑前中納言殿（小早川秀秋）

ここではまだ恩賞としての所領のことまで論及されてはいないが、「これから秀忠と同様に扱う」といっている点は家康の最大限の賛辞だったと思われる。家康としても、「秀秋のおかげで勝てた」との思いでいっぱいだったのである。

結局、戦いの前に、井伊直政・本多忠勝の二人を通じて約束したように、上方において二ヵ国が与えられることになった。それが備前《びぜん》・美作《みまさか》二ヵ国五一万石で、居城は岡山城で

あった。

北政所は、岡山城主となった秀秋に小袖を贈ったりして、何かと面倒をみていた様子が「木下家文書」からうかがわれるが、その「木下家文書」に「小早川秀秋自筆金子借用状」がある。すなわち、

借用仕《つかまつ》る金子の事

合五拾枚〔黒印〕者

右、此の秋八田伊与代官の内にて慥《たしか》に返しまいらせ仕るべく候。此の由御申し上げ頼み入り候。以上。

慶長七年　　　　　　　　　　岡山中納言〔黒印〕〔黄印〕

卯月廿日　　　　　　　　　　秀詮（花押）

御客人

御披露

というもので、慶長七年（一六〇二）四月二十日に秀秋が北政所に金五〇枚すなわち五〇〇両の借金を申し込んだことがわかる。ちなみに、秀秋はこのころ、秀詮と署名している。宛名の「客人」というのは、北政所の側近の一人をさしている。

ちなみに、秀秋はこの年十月十八日、岡山城で没しているので、たぶんこの五〇〇両は返済されなかったと思われる。その死因であるが、一般的には病死とされている。しかし、二十一歳という若さ、しかも原因不明の死ということでさまざまに取り沙汰されており、よくいわれるのが「大谷吉継の祟りだ」というものである。ただ、祟りというだけでは非科学的でそのままには信じられない。

私はむしろ、関ヶ原での裏切り行為に対する良心の呵責《かしゃく》に耐えられなくなったのではないかとみている。つまり、西軍に属していた大名たちの家臣がかなりの数浪人し、秀秋を呪うような怨嗟《えんさ》の声は秀秋のもとにも聞こえていたと思われ、一種のノイローゼ状態から、さらに心神喪失の状態に進んでいたことが考えられる。

秀秋の死の前に、家老の一人だった稲葉正成が致仕しているのも気になるところである。『寛政重修諸家譜』の稲葉正成の項に、「(慶長)六年十二月、政事《まつりごと》によりてしば〳〵秀秋を諫《いさ》め、其言用ひられず。こゝにをひて一族を携へ、兵器を備へ、甲冑を帯して備前国を去り、本国美濃国にいたり、谷口に閑居す」と記されている。家老の諫言《かんげん》も聞かなくなっていたことがわかる。「北政所(高台院)と木下家の人々」(『ねねと木下家文書』)で人見彰彦氏は、酒乱だったのではないかとしている。その可能性は高いように思われる。北政所としては、たとえ、ノイローゼとなり、酒乱であっても、何とか支えてあげたいと考えていたのであろう。

木下勝俊への肩入れ

関ヶ原合戦後、北政所が何くれと面倒をみていた武将がもう一人いる。秀秋の兄にあたる木下勝俊《かつとし》である。一三七ページの系図に示したように、北政所の兄木下家定の長男である。

関ヶ原の戦いのとき、北政所の兄家定とその子どもたちは〝六者五様〟の動きをしている。家定は播磨姫路城主二万五〇〇〇石で、関ヶ原のときには、東軍・西軍どちらにも加担せず、妹北政所の警護にあたっている。そのことを家康から評価され、備中《びっちゅう》足守《あしもり》藩（二万五〇〇〇石）で存続した。長男勝俊は若狭《わかさ》小浜《おばま》で九万石を与えられていたが、関ヶ原の前哨戦伏見城の戦いで、伏見城の守護にあたっていたにもかかわらず、西軍の攻撃を受けたとき、その持ち場を放棄し、逃げ出しており、所領を没収されている。

次男利房は若狭高浜城三万石であったが、西軍についたため、所領を没収されており、三男延俊は播磨《はりま》国内で三万石を与えられていて、関ヶ原のときには東軍として丹波《たんば》福知山城を攻めており、その功によって豊後《ぶんご》日出《ひじ》（三万石）に移っている。四男俊定は丹波の内で一万石を与えられていたが、西軍に属して大津城攻めに参加していたため失領し、その後、弟秀秋の厄介になり、備前の内で五〇〇〇石を与えられていたのである。

そして、五男で小早川家をついでいた秀秋は、前述のように、途中で西軍から東軍に寝返ったというわけで、整理すると、

中立　父木下家定
東軍　三男延俊
西軍　次男利房・四男俊定
途中寝返り　五男秀秋
任務放棄　長男勝俊

となり、〝六者五様〟の行動と表現したわけである。

北政所の兄家定とその子どもたちの行動がこれだけ割れたということは、北政所自身が態度を表明していなかったからであると思われる。仮に、世上いわれているように、北政所が家康に加担していたとすれば、兄や五人の甥に「家康に味方しなさい」といっていたのではなかろうか。兄や五人の甥の行動がこのようにばらばらだったのは、北政所が家康側に立って動いていたわけではないことを証明しているように思われる。

この〝六者五様〟の身の処し方をみてもわかるように、関ヶ原合戦後、北政所が最も頭

を痛めたのは、西軍になって改易《かいえき》された次男利房・四男俊定と、任務放棄でやはり改易されてしまった長男の勝俊をどうするかであった。このうち、四男俊定は五男秀秋に拾われたので、当面はよかったわけであるが、長男勝俊、次男利房をどうするかは大問題であった。つまり、関ヶ原の戦い後、北政所の最大関心事は、大坂城の淀殿・秀頼ではなく、自分の身内である勝俊・利房の処遇だったのである。

この後、勝俊を不憫に思った北政所が勝俊に肩入れをするが、そのことがかえって家康の怒りをかってしまうのである。この点について、跡部信氏は「高台院と豊臣家」(『大坂城天守閣紀要』三四号)で、「朝廷と結びつきながら幕府の政務にも影響をおよぼそうとする彼女の存在を、家康は問題視していたのだ。すなわち家定遺領の没収は、彼女の政治的行動に対する牽制であったにちがいない」と述べている。その可能性は高い。具体的にはだいぶ先のことになるが、ついでなので、ここでふれておきたい。

慶長十三年(一六〇八)八月二十六日、家定が没したとき、家康は、長男勝俊と次男利房に分け与えるように指示したが、北政所はその指示にそむいて、勝俊だけに与えてしまった。しかし、家康の怒りをかい、それは実現しなかったのである。このことからも、家康と北政所が連携して動いていたとする通説は再考の余地があると考えている。北政所が関ヶ原の戦いのとき、積極的に家康に手を貸していたのであれば、この程度の北政所の要求は通ったはずだと考えられるからである。

家康の征夷大将軍任官と淀殿

家康の二条城築城

関ヶ原後、急速に力をつけ、諸大名を従える形となった家康に対し、淀殿は一抹の不安をもちながらも家康との協調路線をとるしかなかった。秀吉が亡くなる前、家康と秀吉との間にとりかわされた「秀頼が成人した暁には政権をもどす」という約束に一縷《いちる》の望みをつなぐしかなかったのである。

淀殿にとって、秀頼が早く成人し、関白になるのが夢だった。そのために、できるだけ早く秀頼の官位を上げておきたいとの思いがあったのであろう。慶長六年（一六〇一）三月、朝廷に働きかけていたことが功を奏し、三月二十七日、わずか九歳の秀頼を権大納言にするという宣旨があった。ところが、その翌日、徳川秀忠も権大納言になっているのである。秀頼が、「天下の家老」にすぎない家康の子秀忠に並ばれたわけで、これは淀殿にとっては相当ショッキングなできごとだったと思われる。

この時期、淀殿にとってショッキングな動きがもう一つあった。慶長七年五月一日からはじまる二条城の築城である。この二条城は、家康および秀忠が京都に滞在するために築いたものであるが、それを家康は徳川家の力で築くのではなく、諸大名に手伝いを命ずる天下普請《ぶしん》として取りくんでいるのである。

秀吉が、大坂城や聚楽第《じゅらくてい》、さらには伏見城を天下普請で築いたことは淀殿も承知していた。淀殿の目には、家康が秀吉の後継者になろうとしていると映ったのであろう。たしかに、天下普請は、それまで諸大名と同じ「豊臣大名の一人」だった家康が横並び状態から頭一つ飛び出たことを象徴的に示すできごとであった。

このころになると、諸大名の転封についても家康から指示がなされ、外交関係も家康が取りしきっており、「政務代行」という立場でありながら、実質的に秀吉後継者としての立場を露骨に示しはじめていた。しかし、淀殿も、大坂方に心を寄せる諸大名も、「それは政務代行者としての当然の仕事」と冷静に受けとめていたのである。むしろ、受けとめざるをえなかったといった方がよいかもしれない。

図21　徳川家康（大阪城天守閣所蔵）

征夷大将軍となる家康

そうした状況に大きな変化がみられたのは翌慶長八年（一六〇三）であった。その年正月一日、諸大名は大坂城に出向き、秀頼に年頭の挨拶をしている。それには淀殿も同席していたと思われる。しかし、その諸大名の中に家康の姿はなかった。家康はそのころ、大坂城ではなく伏見城にいたからである。そこで、諸大名は翌二日、伏見城まで足をのばし、家康に年頭の挨拶をしているのである。こうした流れをみると、諸大名は依然として秀頼を上位とみて、家康を「政務代行者」と下位にみていたことがわかる。家康が大坂城に出向き、秀頼に挨拶したのは二月八日のことであった。その間、伏見城で家康が絶対にはずせない仕事をしていたとは思えない。明らかに、家康がわざと秀頼への挨拶を遅らせたとしか考えられないのである。諸大名は秀頼を上位者とみていたが、家康は秀頼を軽くみはじめていたことがわかる。

ふたたび伏見城にもどっていた家康のもとに、家康を征夷大将軍に任ずるという宣旨《せんじ》が届けられたのは二月二十一日であった。このときの宣旨の原文書が、現在、日光東照宮に所蔵されている。同日付けで、右大臣に任ずる宣旨、源氏長者に任ずる宣旨、淳和《じゅんな》・奨学《しょうがく》両院別当に任ずる宣旨も一緒に届けられている。使者は参議の勧修寺光豊《かじゅうじみつとよ》である。

図22　豊臣秀頼（養源院所蔵）

ふつうならば、そこでそのまま将軍宣下を行うところであるが、このとき家康は、日を改め、二条城で執り行うことを指示している。三月二十七日、二条城で将軍宣下が行われた。家康が二条城を築かせた意味もそこにあったのである。伏見と、内裏《だいり》のある京都の中心までそう離れているわけではない。新しく二条城を天下普請によって築かせたのは、秀吉が関白の政庁として聚楽第を築かせたのと同じ発想だったのである。家康は、将軍の政庁として二条城を築かせたわけである。

これは、誰の目にも、政権が豊臣から徳川に移っていったと映ったはずで、当然、大坂城の淀殿には打撃だったと思われる。家康は事前にそのあたりも計算し、淀殿のショックをやわらげる方策も考えていた。それが、秀忠の娘、すなわち家康にとって孫娘にあたる千姫を秀頼に輿入《こしい》れさせることであった。

千姫の入輿

家康は、将軍任官のための工作を進める一方で、千姫の輿入れのことも同時併行の形で進めていたと思われる。家康をあくまで「天下の家老」としてしかみようとしない淀殿が、家康の将軍任官をそのまま認めるはずはなく、淀殿の神経を逆なですることはまちがいない。そうした淀殿の怒りをなだめるために取りくまれた政略結婚だったのである。なお、秀頼と千姫の結婚は、秀吉が亡くなるときの遺言に従ったものであった。淀殿としては、家康が秀吉の遺命を守っていることに安堵したはずである。

秀頼と千姫は、図23に示したように従兄弟同士である。淀殿は、「これで、家康・秀忠父子が秀頼の後ろ盾になってくれる」と期待した。その期待感が、家康の将軍任官という厳しい現実を甘くみることにつながってしまったのかもしれない。つまり、「家康は秀頼をたてくれている。秀頼が成人すれば、家康は将軍職を退き、秀頼が関白となり、関白豊臣政権が復活する」と考えたのではなかろうか。千姫の輿入れによって、淀殿は一時的にではあれ、家康の将軍任官という現実を受け入れたものと思われる。

千姫が母親の小督《おごう》に付き添われて江戸城を出発し、伏見城に入ったのはその年五月十五日である。このとき、千姫はまだ七歳であった。そこに、淀殿から派遣された大蔵卿局が出向いてきて、いろいろと打ち合わせをしている。千姫が秀頼の待つ大坂城に入城したのは七月二十八日であった。秀頼もまだ十一歳である。

ところで、この後、俗説では淀殿と千姫が不仲だったといわれている。たしかに、淀殿が秀頼を溺愛しており、そこに千姫が入ってきたことで、世間一般でいう嫁と姑の争いがあったとみたものであろうが、このとき、千姫は前述のようにまだ七歳で、幼女といってよい。しかも、淀殿にとっては妹の子にあたるわけで、ことさら千姫に辛くあたったとは考えられない。中には、「淀殿は千姫を人質のように扱った」などという人もいるが、淀殿を悪女に仕立てあげるための憶測から生まれたも

図23　秀頼・千姫関係略系図

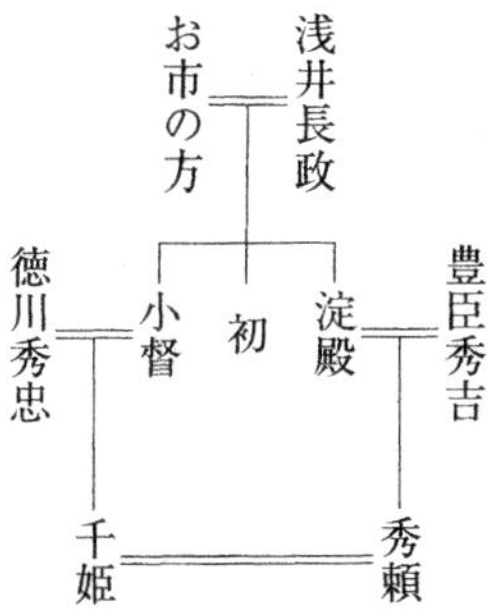

のであろう。

豊国社臨時祭礼の大群舞

翌慶長九年（一六〇四）三月一日、江戸城を出発した家康は、途中七日間、熱海の温泉で湯治《とうじ》をしたりして、のんびり東海道を上り、二十九日に伏見城に入った。四月五日、時期遅れであるが、諸大名の年頭の挨拶を受け、ついで、六月四日、二条城に北政所および公家たちを招き、能を鑑賞している。家康と北政所が顔を合わせるのは久しぶりのことであった。

ところで、慶長九年は、秀吉が亡くなって七回忌の年にあたる。さきの千姫の輿入れと同様、これも淀殿のショックをやわらげるために取りくまれたもので、家康と秀頼が施主となり、豊国社臨時祭を行うことになった。淀殿としては、家康が秀吉のことを追慕してくれていて、しかも、秀頼を盛りたててくれているとの思いであったようであるが、これは、家康のしたたかな計算であった。

祭礼が行われたのは八月十四日で、翌十五日には京の町衆たちによる風流《ふりゅう》の熱狂的な大群舞が行われている。絵画資料として「豊国祭礼図屛風」（京都・豊国神社蔵）、文字史料として「豊国大明神臨時祭日記」という形で残されている。「豊国大明神臨時祭日記」には、その日の模様が「花車風流を飾つて、花やかなる出で立ちにて、太鼓にかかり、平

図24　豊国神社唐門

等大会と打ち鳴らし、飛んづ跳ねつ、踊り上がり飛び上がり、拍子を合わせて乱拍子」と記されている。

京都の町衆たちにしてみれば、秀吉の死去で、京都の繁栄にややかげりがみえてきたことを感じていたときでもあり、日ごろの鬱憤晴らしの意味もあって、よけい踊り狂ったのかもしれない。北政所がこの大群舞を見物に出ていたことは公家の日記によってわかるが、前述「豊国大明神臨時祭日記」にやや気になる記述がある。それは、公家が多数見物に出たのに対し、「大小名は見物せず」とある点で、諸大名の姿がみえなかったというものである。おそらく諸大名は、家康に対する気がねから、秀吉追《つい》善供養《ぜんくよう》の祭礼に、町衆たちと一緒になって浮かれることをしなかったのであろう。諸大名は、すでに、天下が豊臣から徳川に移り変わっていくことを肌で感じていたものと思われる。

高台寺の創建と秀頼上洛拒否の波紋

ここまで、家康の将軍任官前後の動きを淀殿の関係を中心にみてきたが、そのころの動きとしてもう一つ注目されるのが、北政所による高台寺《こうだいじ》創建である。

北政所に高台院の院号が下賜される

慶長八年（一六〇三）十一月三日、北政所に対し、朝廷から高台院の院号下賜《かし》があった。この後、彼女は高台院とよばれるので、本書でも以下、高台院と記す。

高台院の院号を下賜された北政所、すなわち高台院が、すぐ高台寺を創建したようにいわれることがあるが、それはまちがいである。しばらくの間、そのままそれまでの三本木《さんぼんぎ》の屋敷に住んでいる。慶長十一年（一六〇六）に、大坂城の片桐貞隆が奉行になり、秀頼の出資のもと、三本木の屋敷の修理が行われているとのことなので、少なくとも慶長十一年のある段階までは三本木の屋敷に居住していたことがわかる。

ところで、高台寺には、田端泰子氏が『北政所おね』で指摘しているように、康徳寺という前史があったことをみておかなければならない。康徳寺は、北政所が生母の朝日のために建立した寺で、現在、京都市上京区《かみぎょうく》寺町通《てらまちどおり》御霊《ごりょう》馬場《ばば》に高徳寺町という町名で残っているところにあったとされている。同書で田端氏は、「朝日が亡くなったのは秀吉の死と同じ慶長三年である。したがっておねは秀吉の死後、康徳寺を建設し、そこにも近い三本木に居所を定めたのではないか、と想像する。あるいは最初、康徳寺の境内におねの居所があったとも考えられるが、確証はない」と述べている。なお、康徳寺は曹洞《そうとう》宗であった。そのため、康徳寺の〝後身〟の形をとる高台寺もはじめは曹洞宗であった。臨済《りんざい》宗に変わるのは元和《げんな》八年（一六二二）のことである。

高台寺の創建と家康の援助

高台寺の創建はこの康徳寺の移転という形で取りくまれた。それは、康徳寺の住持だった弓箴善疆《きゅうしんぜんきょう》が創建された高台寺の開基となり、康徳寺が廃されていることによってわかる。弓箴善疆の移徙《いし》は慶長十年六月二十八日のことであった。

図25　高台寺庭園

　この高台寺創建にあたり、家康はかなりの援助を行っている。一つは寺領安堵である。「高台寺文書」（中村孝也編『徳川家康文書の研究』下巻之二）に、

　山城国愛宕《おたぎ》郡八坂郷の内、寺屋敷の事、山林竹木寺中門前諸役等、免許せしめ訖《おわんぬ》。幷葛野《かどの》郷太秦《うずまさ》の内市川村百石、当寺領前々の如く相違有るべからざる者也。仍《よ》つて件《くだん》の如し

　　慶長十年九月朔日　（家康）（花押）

　　　高台寺

とあり、寺領一〇〇石が安堵され、高台寺の境内のほか門前の諸役なども免除されていたことがわかる。この寺領一〇〇石というのは、それまでの康徳寺時代のものがそ

のまま安堵されたものであろう。なお、「高台寺文書」に、京都所司代《しょしだい》板倉勝重による三ヵ条の禁制もみえ、この板倉勝重は高台寺の普請奉行にもなっていた。酒井忠世《ただよ》・土井利勝もかかわっていたので、幕府による秀吉菩提寺《ぼだいじ》の建造といってもよい状況である。

ただ、それだけだと高台寺の性格を正しくつかむことはできない。実は、幕府の援助を得て建造されながら、豊臣恩顧の大名たちによる支援も少なからずあったからである。たとえば、高台寺の表門は、もと伏見城にあった門を加藤清正が移築したといわれている。やはり、加藤清正・福島正則らにしてみれば、時代は豊臣の世から徳川の世に移り変わっていて、家康ににらまれることは承知の上で、高台寺創建に手を貸したわけである。

なお、この後、高台寺は慶長十七年（一六一二）五月一日に、家康からさらに四〇〇〇石の寺領寄進を受け、合わせて五〇〇〇石となっている。

秀忠への将軍職世襲と淀殿

高台寺《こうだいじ》の建造がはじまった慶長十年はもう一つ大きな動きがあった。将軍職が家康から秀忠に譲られたことである。この年二月二十四日、一〇万余の大軍を率いた秀忠が江戸を出発し、三月二十一日、伏見城に到着した。それまで、家康も秀忠も、何度も江戸と伏見の間は往復しているが、ふだんは少人数の移動で、このときのような一〇万というのははじめてである。大坂方がびっくりして警戒態勢に入ったというのも当然である。

この一〇万という数、それに、鎌倉と江戸と、出発地点がちがうだけで、行程などはすべて、源頼朝が征夷大将軍の宣下を受けたときにならっていた。家康が鎌倉幕府の歴史を書いた『吾妻鏡《あずまかがみ》』を愛読していたことは有名な話で、家康は、わが子秀忠の将軍就任にあたって、頼朝の先例にならっていたことが明らかである。

四月七日、家康は将軍職を子秀忠に譲ることを朝廷に奏請し、四月十六日、それが認められて秀忠が二代将軍となった。将軍交替劇というわけであるが、大坂城の淀殿は、単なる交替とは受けとめなかった。要するに、これは、家康が、「将軍職は徳川家が世襲する。豊臣家に政権をもどすつもりはない」と宣言したものと受けとめたのである。そのころまで、淀殿は、家康が将軍になったといっても一代限りのことで、秀頼が成人すれば、秀頼が関白になり、将軍職は消えてなくなると考えていた。それが希望的観測だったとしても、淀殿としては、秀吉が亡くなるときの家康と秀吉のやりとりを家康が守ってくれるものと信じきっていたわけである。

たしかにこのとき、それまで秀忠は大納言兼右大将で、秀頼は内大臣で、官位の点では秀忠より秀頼の方が上で、家康のつぎ、秀頼に政権がもどってくる可能性はあった。家康もあまり淀殿を刺激してはまずいと考えたのであろう。このときも、秀忠を将軍にするとともに内大臣とし、それまで内大臣だった秀頼を右大臣に進ませているので、官位の点では秀頼を上にはしていた。

しかし、淀殿としては、将軍職が徳川家で世襲されることにがまんならなかった。ふつうならば、こうした官位昇進などの慶事にあたっては祝賀の使者を出すところであるが、淀殿は無視しているのである。

それに対し、家康は高台院を使って秀頼の上洛を促している。要するに、「秀忠の将軍就任の祝いをせよ」というわけである。このとき、淀殿は、「約束がちがう」と怒り、五月十日、秀頼の上洛拒否を伝えるとともに、祝賀の使者も出していない。『当代記』（『史籍雑纂』二）巻三によると、そのとき淀殿は、つぎのように返答している。

秀頼公母台、是非共その儀はあるまじき。もし、たつてその儀においては、秀頼公を生害せしめ、その身も自害有るべきの由、しきりに宣《のたま》う間（後略）。

ここで、「その儀」とあるのは、秀頼を上洛させ、新将軍秀忠に挨拶をさせることを指す。「もし、強引に上洛させるなら、秀頼を殺し、私も死ぬ」と、かなり感情的になっていたことがわかる。

従来は、淀殿のこうした感情的な対応ぶりが強調され、権勢欲があり、エキセントリックで、わが子かわいさで情勢をみる目がなく、そのために豊臣家を滅ぼしてしまったとされてきたように思われる。しかし、このときのいきさつを追えば、淀殿が怒って当然である。いうまでもなく、徳川家が豊臣家を滅ぼしていく過程を徳川家の側から書けば、どうしても自分たちの方を美化し、賛美する立場で書くことになり、関ヶ原の戦いでいえば石田三成、大坂の陣でいえば淀殿を悪者にしないことには話が成立しないことになる。私は、徳川世襲路線をつきつけられた淀殿が、秀頼の関白就任という夢を家康によって妨害されはじめたと知って、感情的になったとしても不思議はないと考えている。

問題は、秀頼の上洛を促す役目を家康が高台院につとめさせていた点である。家康は、高台院が間に入れば淀殿も説得に応ずると考えていたかもしれないが、もう一つ、高度な計略をしかけていた可能性もある。淀殿が拒否することを百も承知の上で、高台院を使者にたてることで、二人の仲を裂こうという作戦だったとするものである。

実際、このできごとに関する一般的な論調は、それまで特に仲が悪いわけではなかった高台院と淀殿の仲に亀裂が生じたとするもので、たとえば、桑田忠親氏は『淀君』の中で、つぎのように述べている。

太閤存生中は、北の政所には頭があがらなかった。それに、北の政所も正妻らしく立派に振舞っていたので、これを敵視する必要もなかった。愛児秀頼も「まんか、さま」にはなついている。松の丸殿と盃争いなどはしても、「まんか、さま」とは争うこともなかった。太閤の死後、その遺命に従って秀頼を連れて大坂城に移ると、北の政所はおとなしく京都三本木に身を退いて行った。むしろ、すまないと思ったくらいである。頭髪を剃って高台院と号し、太閤の菩提を弔うとは見上げたものであると思っていた。その高台院が家康の手先となって、秀頼の上洛を促してきた。秀忠に臣事《しんじ》した方がお為だといいたげな顔をしている。

淀君が北の政所の心中に本当に敵意を発見したのは、恐らく、この時だったであろう。

やや長い引用になってしまったが、高台院と淀殿の対立の構図をわかりやすく描いていると思われるのであげておいた。そして、これまでの多くの方の理解は、この対立の構図が大坂の陣まで続き、結局、豊臣家の滅亡につながったというものであったように思う。果たしてそうなのだろうか。私は、一時的な対立はあったとしても、その後、二人の仲は修復されていたのではないかとみている。

秀頼の病気を心配する高台院の消息

私がそのように考えたのは、大阪城天守閣の元館長渡辺武氏が発見し、紹介された高台院自筆消息を目にしたときである（「秀頼と北政所——新史料〝高台院自筆消息〟の語るもの」『醍醐春秋』一九八七年九月号、のち井上安代編著『豊臣秀頼』に再録）。全文つぎの通りである。

御返しことながら、こま〴〵と御うれしく見まいらせ候。
一、廿九日ひるほどに大へん《便》こゝろよくつうじ、そのゝちもつうじ申し候よし、御うれしく思ひまいらせ候。
一、ついたち《一日》には、いよ〳〵きしよく《気色》よく、日ぐれのみやく《脈》一だん《段》よく候よし、めでたくおもひまいらせ候。
しかしながら、そもじの御手がら《柄》にて候間、まんぞく《満足》申す事にて候。かきつけ《書付》のごとく、ちおほく《血多》とり候あとにて御入り候まゝ、かれ《枯》木のやうに御入り候事、ことは《理》りと思ひまいらせ候。そもじの御せい《精》入れ候ゆへ、かやう《斯様》のめでたき御さう《左右》きゝまいらせ候事、御手がらかんじ《感》入りまいらせ候。なをも〳〵御せい入れ候て給い候はゞ、御うれしく思ひまいらせ候べく候。あんど《安堵》申す事にて候。まづ申し候はんとて、秀頼の御かた、わずらひ《患》の日々にげん《験》の御事にて候まゝ、御こゝろやすく存じめし候べく候。返すぐ〵も御ふみ（文）見まいらせ候て、かやうの御うれしき事は御入り候はず候。そもじ御きづまり候はんとをしはかり（推測）まいらせ候。なを、めでたき事申しうけ給ふべく候。かしく

三日　　　高台院

禰

道三法印《どうさん》　まいる

宛名の道三法印は、このころの名医として知られ、秀吉も高台院も診察してもらったことのある曲直瀬《まなせ》道三である。「三日」とだけしか書かれていないが、渡辺氏の研究によって、慶長十三年（一六〇八）三月三日の自筆消息だということがわかった。

秀頼が疱瘡《ほうそう》にかかり、重病になったとき、道三の治療によって大事に至らず、快復したことに対し、北政所からのお礼の手紙だったことが明らかである。

淀殿・秀頼は大坂城に、北政所は京都の高台寺にと、住んでいる場所はちがっていても、常に年始の挨拶状や贈答品のやりとりはあったわけで、慶長十年の淀殿による秀頼の上洛拒否の一件以後も親密な関係が続いていたことはまちがいないところであろう。

なお、跡部信氏は「豊家存続に〝連携〟していた淀殿と高台院」（『歴史群像シリーズ

激闘大坂の陣』）で、慶長十一年十一月に、淀殿のはからいで、京都の高台院屋敷の修復をしていることと、翌十二年二月の北野社造営にあたり、高台院と淀殿が連携して動いている事例をあげ、また、高台院の世話で、朝廷から秀頼に勅使が派遣されたことなどから、「朝廷と大坂城をつなぐパイプとして京都の高台院が機能していたことは、注目にあたいする」とまとめている。上洛騒動ののち、すぐ二人の仲は修復されていたとみてよいのではなかろうか。

大坂の陣での淀殿と高台院

二条城会見と秀頼の成長

大坂方に圧力をかける家康

慶長十年（一六〇五）の秀頼上洛は淀殿の猛反対によって実現しなかったが、家康はその時点ではそれ以上の無理強いはせず、そのままなりゆきにまかせている。しかし、まったく手を打たなかったわけではなく、じわりじわりと大坂方に対し、圧力はかけていたのである。

翌十一年四月二十八日、家康は参内《さんだい》し、時期的には遅いが、後陽成《ごようぜい》天皇に歳首《さいしゅ》を賀している。そのついでなのか、あるいは家康の魂胆としてはそちらの方が主目的だったのかもしれないが、武家伝奏《てんそう》に、「武家の官位は、幕府の吹挙《すいきょ》なしには賜わらないように」と願い出ているのである。形は願い出であるが、命じたといった方がよいのかもしれない。

実は、このことのもつ意味は大きなものがあった。というのは、これ以前、秀頼からの奏請《そうせい》によっても武士に官位が与えられていたからである。家康が将軍になったとはいっても、家康が諸将に直接官位を与えられたわけではなく、朝廷に奏請し、朝廷が叙任する形をとっており、家康ルートだけではなく、秀頼ルートでも奏請がなされていた。家康はその秀頼ルートを取り払おうとしたのである。

このことに関して、中村孝也氏は『徳川家康公伝』の中で、家康が源頼朝の先例にならったものと考えた。つまり、頼朝が武家官位については頼朝の奏請によるとしたのに、弟義経が後白河法皇の罠にはまり、勝手に官位を受けてしまった故事を参考にしているというのである。

頼朝は、鎌倉御家人を結束しようと、自らの吹挙なしには朝廷からの官位を受けさせないことを定めており、家康がそれをまねた可能性はある。頼朝を目標に、『吾妻鏡《あずまかがみ》』を勉強してきた成果がこのような形であらわれたといってよいかもしれない。

少なくとも、朝廷との関係でいえば、このことによって、家康が秀頼より上の立場に立ったことが明らかであり、武士たちの豊臣離れが促進されることになったことはまちがいないところである。ただ、このことについて、淀殿の側からどのような反応があったのかは史料がなく不明である。

なお、この後、家康は八月一日に二条城で公家および門跡《もんぜき》らから八朔《はっさく》の祝いを受け、九月二十一日に伏見城を発《た》って江戸にもどっている。江戸へもどる途中、駿府《すんぷ》に立ち寄り、そこに隠居城を築くべく、城地の選定をしており、翌十二年（一六〇七）二月十七日から駿府城の築城がはじめられた。これも、さきの二条城と同じく天下普請として取りくまれている。家康が駿府城に入ったのはその年七月三日で、以来、江戸の将軍秀忠と、駿府の大御所家康とのいわゆる「二元政治」がはじまるのである。

もっとも、「二元政治」とはいってもリードしていたのは家康で、この後も家康主導による大坂対策が進められていくことになる。

家康・秀頼の二条城会見

大坂城の淀殿・秀頼と駿府城の家康との関係は、その後数年間、特に目立った動きはなかった。動きがあったのは慶長十六年（一六一一）である。この年、家康は七十歳になっていた。年齢的にも焦りの気持ちがでてきたものと思われる。いつのころからか、

御所柿はひとり熟して落ちにけり

木の下にいて拾う秀頼

といった落首もあったという。上の句の御所柿の御所はいうまでもなく駿府城に隠居して大御所とよばれた家康をさし、下の句では豊臣のもとの苗字木下と、秀頼の拾をかけており、家康が老いていくのに対し、やがては秀頼のもとに政権がもどってくることを期待した内容となっている。家康としても、「大坂方を何とかしなければならない」と考える時期を迎えていたのである。

その年、すなわち慶長十六年三月六日、家康は五年ぶりに上洛するため駿府城を出発し、十七日、二条城に入った。このときの家康の供は五万といわれている。上洛の名目は子義直・頼房および秀康の子忠直の叙位任官とその御礼言上であるが、本当のねらいは、これを機に、秀頼を二条城に呼び出すことであった。

家康から秀頼に対し上洛するよう連絡があったとき、淀殿は前回、慶長十年のときと同様、難色を示した。しかし、このときは「上洛やむなし」と判断している。そのいきさつについて、史料としての信憑性はあまり高くないが、興味深いエピソードが『武家砕玉《さいぎょく》話脱漏《わだつろう》』にみえるので、その部分をつぎに引用しておこう。

源君(家康)、秀頼卿を二条城にて饗せらるべしと詢《はかり》ありしに、母公淀殿危《あやぶ》み怖れて、其の時の軍配者白井龍伯は、占候《せんこう》に長じたる者故、龍伯吉凶を考へしむ。龍伯七日潔斎して香を焼《た》きて、其の煙気を見ること三度ながら大凶に当る。其の趣を書きて、片桐東《ひがし》市正《いちのかみ》に示す。市正、私宅に呼び故を問ふ。龍伯、大凶なり。往《い》かば必ず害にあはんと言ふ。且元《かつもと》、焼気は吾曾《かつ》て知らざる所なり。然れども秀頼往かずば兵起らん。往かば難なからじ。是を以て見る時は、勘文《かんもん》を書きかへて吉也とせよといふ。龍伯きかず。しゐて其の咎《とが》は吾あづからむといへば、止む事を得ずして、吉也と書きかへて、不慮あらばいかがせんと憂ふるを、市正知つて、秀頼公害に逢はせ給はば、吾も共に死せん。誰あつて罪を刻せんやといふ。市正、龍伯が勘文を奉りければ、淀殿大いに喜んで、秀頼卿を二条城に往かしめらる。無事に帰城ありければ、淀殿龍伯を賞して、白銀百枚を給ふ。其の外これかれより金銀多く贈り、龍伯、市正の宅に行き、今鄙《ひせい》生金銀を得たるは、貴公の故なりとて拝謝す。夫《それ》より気を見る術を止めて閑居せり。

やや長い引用になってしまったが、淀殿が軍配者白井龍伯に香占いをさせ、秀頼を二条城に赴かせるか否かを決めていたというもので、「大凶」と出た勘文を片桐且元が「吉」と書きかえさせ、淀殿を説得したこともうかがわれる。細部にわたって果たしてその通りのことがあったかはわからないものの、まわりの説得によって、淀殿もしぶしぶ秀頼を二条城に送り出すことになったのは事実だったであろう。

二条城における家康と秀頼の会見は三月二十八日に行われた。その日の様子は、徳川方の史料ではあるが、『当代記』の三月二十八日条にくわしく記されている。

(三月)廿八辰刻秀頼公入洛。則ち家康公の御所二条え御越し、家康公庭上まで出で給ふ。秀頼公慇懃に礼謝し給ふ。家康公座中え入り給ふ後、秀頼公庭上より座中へ上り給ふ。先づ秀頼公を御成の間え入れ申し、その後、家康公出御あり。互の御礼あるべきの旨、家康公曰と云ふとも、秀頼公堅く斟酌《しんしゃく》あり。家康公を御成の間え出し奉り、秀頼公礼を遂げ給ふ。膳部かれこれ美麗に出来《いできた》りけれども、還《かえっ》て隔心あるべきかとて、ただ御すい物まで也。大政所、これは秀吉公の北の御方也。出で給ひ相伴し給ふ。頓《やが》て立ち給ふ。右兵衛督(義直)、常陸介(頼宣)途中まで相送らる。

ここに描かれている通り、家康は庭に出て秀頼を迎え、秀頼も家康をたてていたことがわかる。特に、「互の御礼」を秀頼が遠慮し、家康に「御成の間」を譲って会見に臨んだことがうかがえ、秀頼が礼儀をわきまえていた様子も読みとれる。

なお、ここには「北の御方」、すなわち高台院が同席していたことしかみえないが、『清正記』などによって、加藤清正も同席していたことが知られている。

こうして、二条城の会見は無事終了した。家康としては、「秀頼を二条城に挨拶にこさせた」というわけで、それまでの豊臣上位・徳川下位という序列をひっくり返したとの思いがあったと思われるが、同時に、久しぶりにみた秀頼に脅威も感じたのではないかと思われる。

淀殿の秀頼教育

二条城会見の年、家康が七十歳だったことについてはすでにふれた。秀頼は十九歳になっていた。井上安代氏は「補筆一　秀頼の教養」（『豊臣秀頼』）で、二条城会見直後の家康について、「自らも、成長した秀頼の人品骨柄を自分の耳目で確認したいと思っていた家康は、内々の期待を裏切られた感があった」と述べ、二つの史料を紹介している。すなわち、

家康公仰ニ曰、秀頼ハ愚魯ニシテ頗ル嬰児ノ如キ由聞シカ、一向サナクトテ御喜悦マシ〳〵ケリ、（『難波戦記《なにわせんき》』）

カシコキ人ナリ、中々人ノ下知ナト請ヘキ様子ニアラス、（『明良洪範《めいりょうこうはん》』）

というもので、しばらく会わなかった間に秀頼が成長していることにびっくりした様子を伝えている。

大坂の陣を語るとき、どうしても、「淀殿悪女論」とともに「秀頼暗愚論」をベースにしてしまう傾向があり、「淀殿が秀頼を溺愛したため、女たちに囲まれ、武将としての資

質を磨く場はなかった」といわれることが多い。十代の青年にしては肥満気味だったというのもその論調に輪をかけた形となっている。

しかし、このあたりは考え直してみることが必要で、前述した二条城会見でも、秀頼は自分をわきまえ、慇懃《いんぎん》な態度で家康に接しており、だからこそ、家康も秀頼に対し脅威を感じたのではなかったか。『難波戦記』では、「愚魯」だと思っていた秀頼がそうではないのを知り、家康が喜んだとしているが、これはあくまで表面的なことで、「うかうかすると徳川の世が危うくなる」と感じたものと思われる。

大坂城内には、秀頼の「弓師《ゆみのし》」といわれる六角義弼《ろっかくよしすけ》がいたことは知られている。六角義弼は、近江の戦国大名で観音寺城主だった武士で、信長に滅ぼされ、各地を転々とした上、大坂城で秀頼の「弓師」になっていたのである。ほかに、大坂夏の陣で、秀頼に殉じた渡辺内蔵助糺《ただす》は槍の名人として知られており、秀頼も彼らに武芸を習っていたとみてよいであろう。

淀殿は、後家役割の一つ、後継者の教育にあたっていたわけで、学問分野においても当代一流の人物を招き、秀頼の教育にあたらせていたことは、船橋秀賢《ひでかた》が職制・法制などを教授していたことによって明らかである。

二条城での家康・秀頼会見に、ボディガードのようにつき従っていた加藤清正が二条城会見後、肥後熊本城にもどったところで、同年六月二十四日、没した。時期的なこともあり、徳川方による毒殺とのうわさも流れたが、病死である。

加藤清正らの死

清正は、関ヶ原の戦いでは東軍に属したが、同じく東軍に属した福島正則とともに豊臣恩顧の大名の代表格で、家康の独走を抑止する働きをしていた。淀殿もそうした清正の忠勤ぶりを高くかって、二条城会見の折には秀頼を託したのであろう。清正は清正で、家康が豊臣政権簒奪《さんだつ》に動くことを警戒し、いざというときには秀頼を熊本城に迎え、家康との一戦も辞さない覚悟だったといわれている。

実際、熊本城本丸に設けられた「昭君の間」は、いざというときの秀頼御座所として築かれたとされている。たしかに、熊本城は五四万石の大名の居城としては巨大であり、秀頼が愛読し、また自らも出版している『帝鑑図説』にちなむ王昭君《おうしょうくん》の図柄が描かれている一室があるということは何か意味ありげである。

清正の死からおよそ一年半後、慶長十八年一月二十五日、今度は池田輝政が亡くなっている。輝政はそのころは家康の娘督姫《とくひめ》と結婚しているので家康の女婿ということになるが、心情的には大坂方シンパだったといわれている。

そして、淀殿にとってショックだったのは同年八月二十五日、浅野幸長《よしなが》が死んだことである。浅野幸長も二条城会見のときには秀頼の護衛にあたっており、豊臣恩顧の外様《とざま》大名として淀殿が清正の次に期待を寄せていた武将であった。

こうして、この時期、淀殿が秀頼擁立の後ろ盾として期待していた武将たちが、つぎつぎに消えてゆき、残るは福島正則一人になってしまったのである。正則・清正・輝政・幸長、この四人がいたから迂闊に大坂方に手を出せないと自重していた家康が、正則一人になったことで、それまでの慎重路線を捨て、攻勢に出はじめた。

方広寺鐘銘事件と淀殿

こじつけ説は是か否か

攻勢に出るといっても、何かきっかけがなければならない。そして、従来から、そのきっかけとなったのが方広寺《ほうこうじ》鐘銘事件だといわれてきた。周知の事件ではあるが、この後の記述にかかわってくるので、その概要をみておこう。

方広寺は秀吉時代に建てられた大仏殿が慶長元年（一五九六）閏七月の大地震で大破してしまったため、その再建工事が秀頼の手によって進められ、同十七年にようやく大仏が完成し、さらに同十九年には大仏殿も再建が成り、四月十六日には鐘も鋳造《ちゅうぞう》され、八月にその落慶供養《らっけいくよう》が営まれることが決まった。ところが、落慶供養を目前に控えた七月二十

一日、家康が方広寺の鐘銘に問題ありといいだしたのである。『駿府記《すんぷき》』の同年七月二十一日条に、

伝長老・板倉内膳《ないぜん》両人これを召す。仰せにいわく、大仏鐘銘に関東不吉の語あり。上棟の日も吉日にあらずと御腹立。

とみえるのがそもそものはじまりだった。

ここに、伝長老とあるのは以心崇伝《いしんすうでん》、すなわち金地院《こんちいん》崇伝であり、板倉内膳は京都所司代《しょしだい》の板倉重昌である。つまり、家康がこの二人を呼びだし、「鐘銘の中に関東を呪う不吉な文字がある」といいだしたことがわかる。

この方広寺の鐘銘は、東福寺の僧清韓文英の撰述になるもので、全文一五二文字からなる漢文で、四言長詩の形式といわれ、その中に問題の「国家安康」「君臣豊楽」の八文字があった。

「関東不吉の語」に該当しそうなのはこの八文字だけである。「家康を〝安〟の一字で切っているのはけしからん」ということであり、「豊臣家だけが栄え楽しむことをいっているのも問題である」という論法である。

これまでは、これを、徳川方が強引なこじつけ解釈をして大坂方を追いこんだととらえ

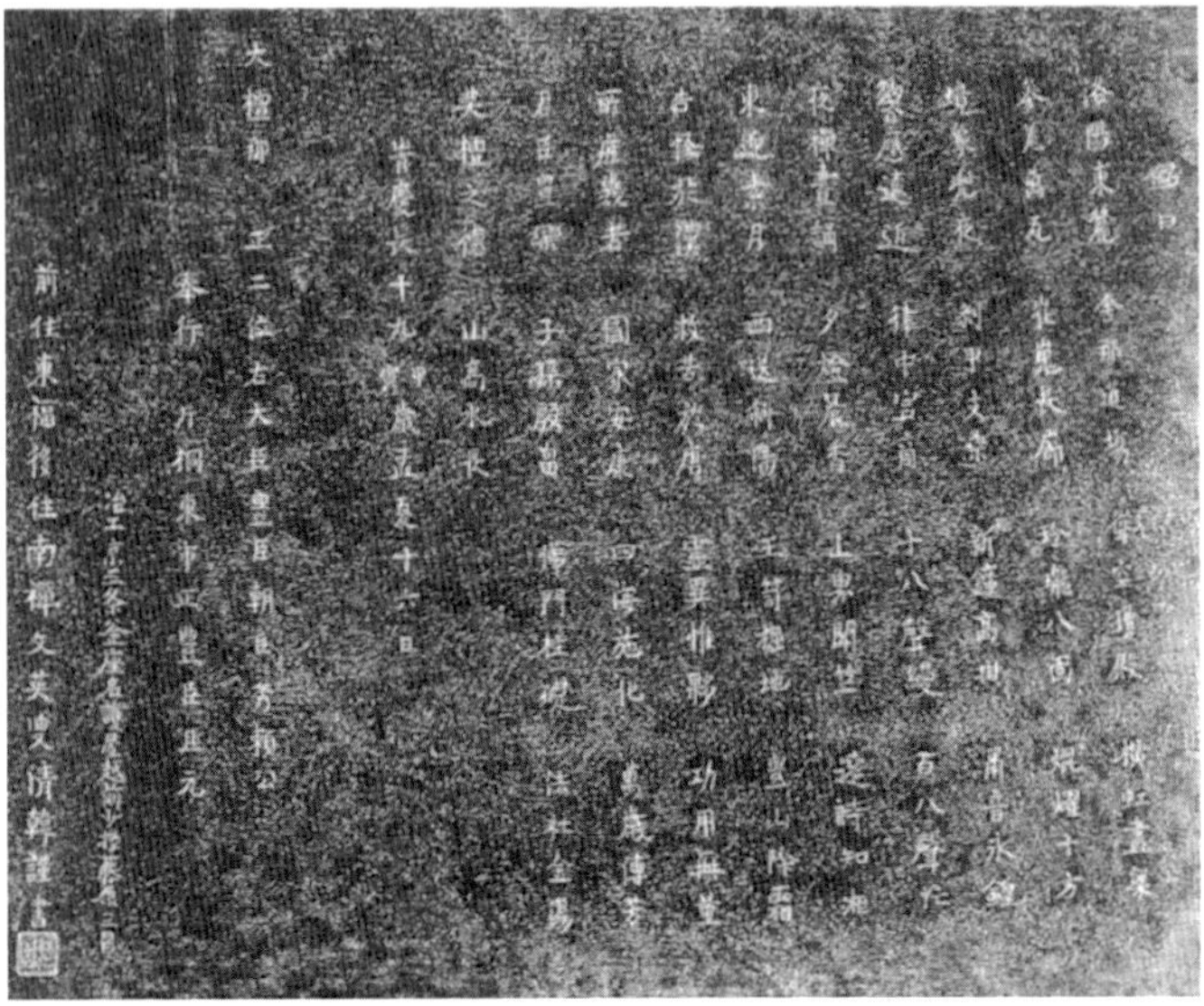

図26　方広寺鐘銘拓本（方広寺所蔵）

てきた。こじつけを思いついた人物を、従来は金地院崇伝とする研究者が多かったが、さきに引用した『駿府記』によって、崇伝は、家康から指摘されて鐘銘に問題があることを知ったと思われるので、こじつけを考えた張本人として崇伝は除外される。林《はやし》羅《ら》山《ざん》とする説も有力であった。

　ただ、このこじつけ説については、最近、笠谷和比古氏が異論を唱えている。笠谷氏は『関ヶ原合戦と大坂の陣』の中で、撰文をした清韓文英が、「家康」の名乗り字、すなわち諱《いみな》を、漢詩や和歌などでよく用いる

趣向としての「かくし題」のようにして織り込んでいるとし、
　このように「国家安康」「君臣豊楽」の八文字は、清韓によって入念に練られたうえで文中に織り込まれた修辞的対句というのが事実であって、徳川方が鐘銘の多数の文字の中から、無理矢理こじつけて拾い出してきたというような性格のものではないのである。
とまとめている。家康側は、これまでいわれてきたような、〝安〟の字で家康を切っているといったレベルではなく、むしろ、対句である「君臣豊楽」では豊臣の字を用いながら、「国家安康」では、諱の家康をそのまま用いている点を問題にしたと指摘している。
　家康を「かくし題」に使うなら、事前に徳川方の了解をとりつけるなり、草稿の段階でみせておくべきで、この点は大坂方の落ち度だったとする笠谷説は納得できる。

ゆさぶりをかけられた淀殿

「大仏鐘銘に関東不吉の語あり」という家康の怒りの言葉が大坂方に届き、大仏の開眼《かいげん》供養延期を伝えられたのは七月二十六日のことであった。この段階で大坂方が売られた喧嘩を買うだけの準備をしていれば、そのまま対立し、即開戦ということもありえたかもしれない。しかし、このときにはまだ家康と一戦におよぶ準備は調っておらず、とりあえず、この場は何とか丸く収める必要を感じ、弁明の使者を送ることになった。

ただ、ここで不思議なのは、弁明の使者として二つのグループがほぼ同時に駿府の家康のもとに送られていたという点である。

一つのグループは、グループというより具体的には片桐且元《かつもと》一人である。且元は実質上はともかく、名目上は秀頼からの弁明の使者として大坂を発し、駿府に向かったが、駿府には入れてもらえず、駿府の手前、丸子宿の近くの誓願寺という寺に足どめされているのである。

ようやく、二十日に駿府入りが許されるが、家康との会見はなく、本多正純および金地院崇伝の二人から、鐘銘の件と、大坂に浪人が集められているという二つについて詰問を受けている。且元は本多正純・金地院崇伝とのやりとりの中で、家康が、①秀頼の江戸参勤か、②淀殿を人質として江戸に出すか、③秀頼が大坂を退去して国替に応ずるかの三つのうちどれかを選ぶことを求めていると受けとったのである。

もう一つのグループは、淀殿から使者として遣わされた大蔵卿局と正栄尼の二人である。大蔵卿局は、淀殿の乳母であるとともに、このころ大坂城内をたばねる立場にあった大野治長の母である。正栄尼は渡辺糺《ただす》の母であった。

片桐且元には会おうとせず、いわば門前払いをした家康は、八月二十九日、大蔵卿局と正栄尼の二人には駿府城で会い、歓待をし、「何も心配することはない」と安心させて帰らせている。

大坂城にもどったこの二つのグループの報告を受けた淀殿は混乱した。片桐且元からは「難題をつきつけられました」との報告があり、大蔵卿局・正栄尼の二人からは、「家康様は何も心配するなといっていました」と、まったく異なるわけで、混乱して当然である。このような場合、どうしても楽観論の方をとりたがる傾向がある。淀殿もそうで、且元に対し、「家康のまわし者」よばわりをし、且元が報告した三条件のどれ一つとして受け入れる姿勢はみせなかったのである。淀殿は家康の高等戦術に翻弄された形であった。

このとき、それだけではすまなかった。九月二十五日には大坂城内の強硬派が、「且元は家康に寝返った」と、且元の命をねらいはじめたのである。そのあたりのいきさつが、『駿府記』の慶長十九年（一六一四）十月一日条に、つぎのようにみえる。

朔日、京都伊賀守（板倉勝重）より飛脚到来。其の状に云う。去る廿五日、大坂に於て、大野修理（治長）、青木民部少（一重）、石河伊豆、薄田隼人正（兼相）、渡辺右衛門佐、木村長門守（重成）、織田左門（長頼）、其の外十余輩、秀頼仰せにより、片桐市正（且元）殺さんとす。市正これを知り、用意して私宅に引籠りこれある由、本多上野介(正純)・板倉内膳正言上す。これにより御腹立ち甚しく、大坂に御出馬の由、近江、伊勢、美濃、尾張、三河、遠江、仰せ触れらる。又江戸幕下に仰せ遣わさる。

殺されそうになった且元が「私宅」に引き籠ったことがうかがわれる。この「私宅」は、大坂城二の丸にあった片桐屋敷のことである。注目されるのは、それに続く文章で、家康が大坂出馬をはじめて口にしたことがわかる。

なお、家康と連絡をとっていたわけではないが、家康が公然と大坂方との戦いを口にした十月一日、且元は身の危険がせまった大坂城を脱出し、居城の茨木城に引っこんでしまった。

大坂冬の陣のときの高台院

大坂へ向かおうとした高台院

西洞院時慶《にしのとういんときよし》の日記『時慶卿記』によると、十月一日、高台院《こうだいいん》が京都から大坂に向かったが、途中、徳川軍によって通路がふさがれていたため、彼女はやむをえず鳥羽から京都にもどっている。高台院が何のために向かおうとしたかの記述はないが、跡部信氏は「豊家存続に〝連携〟していた淀殿と高台院」（『歴史群像シリーズ　激闘大坂の陣』）で、淀殿に開戦をとどまるよう説得しようとしたのではないかと推測しており、その可能性はありそうである。跡部氏はその続きで、木下家の家譜の記述も紹介している。

この大坂下向の目的は開戦を思いとどまるよう淀殿を説得することにあったと解釈

すれば、彼女の前後の行動とうまくつじつまがあう。ところが江戸時代に作成された木下家の家譜の記述では、高台院は秀頼と一緒に籠城することを希望したが遠慮され、よんどころなく京都にとどまったのだという（「木下氏系図附言纂」）。高台院にかわいがられた甥の子孫たちが、彼女のことを徳川家に弓を引いた豊臣秀頼に心をよせ、豊臣家に殉ずる覚悟をもった人物として語り伝えている事実には意味がある。大坂に向かった折の彼女の心情の一面を照らしているのだろう。

ここに使われている「木下氏系図附言纂」は、豊後日出藩の初代木下延俊から幕末に至る歴代藩主の記録を集めたもので、系図・家譜としての性格上、そのままには信用できないかもしれないが、このときの高台院の行動を考えていく上では参考にすべき内容が含まれている。

どうしても、高台院は淀殿と対立し、むしろ家康サイドで動いたとする先入観があり、淀殿と一緒になって秀頼を盛りたてようとしていたなどということは容易には受け入れてもらえないかもしれない。しかし、周囲から家康に近いと思われ、また、実際、家康との交流もある高台院が、豊臣家存続のため、淀殿を説得しようとした可能性は高いのではないかと私は考えている。

冬の陣開戦から講和へ

すでに述べたように、家康は、片桐且元が命をねらわれているとの情報を得た十月一日、諸大名に出陣を命じ、十月十一日、自ら軍勢を率いて駿府を出発し、少し遅れて二十三日には秀忠も大軍を率いて江戸を発し、大坂に向かった。総勢二〇万におよんだという。

秀忠が江戸を発した二十三日、家康は二条城に入り、藤堂高虎を呼び、大坂城の絵図を前に、大坂城の様子を報告させていた。そこには片桐且元も同席している。且元はこのときから徳川方として行動しており、家康としては、大坂方の内情をよく知る且元を取りこんだことで、その後の作戦展開を有利に進めることができたといってよい。

それに対する大坂城の淀殿・秀頼の動きであるが、十月二日、秀頼が諸国に兵を募り、また、諸大名の大坂蔵米《くらまい》および町方の米を城内に運び入れさせ、籠城の準備にかかっている。淀殿は、「秀頼が家康と戦うことになった」といえば、豊臣恩顧の外様大名が全部といわないまでも、かなりの数、味方になってくれると思っていたようである。ところが、実際には一人として大坂城に入城してくる大名はいなかった。

大名で味方する者は一人もいなかったが、その代わり、浪人たちは、つぎつぎに大坂城に集まってきた。その中心はいうまでもなく関ヶ原浪人である。関ヶ原の戦いのとき、西軍に属し、取りつぶされた大名が八八家あり、浪人が多数生まれたわけであるが、それら浪人たちが一旗あげようとし、また、恩賞目当てに集まってきたのである。

奈良春日社の社僧中臣祐範《なかとみのすけのり》の日記『春日社司祐範記』の十月六日条に、「大坂御籠城の御覚悟なり。方々より此のうち牢人衆ことごとく来集せり」とみえるが、『駿府記』の十月十二日条にも、「去る六日、七日、京都諸牢人の内、長宗我部宮内少輔(盛親)・後藤又兵衛(基次)・仙石豊前守(秀範)・明石掃部助(全登)・松浦弥左衛門(重政)、其の外名も知れざる牢人千余人、金銀を出し籠城抱置く」とみえる。

なお、ここに真田幸村《さなだゆきむら》（正しくは信繁《のぶしげ》）の名がみえないのは、彼は蟄居《ちっきょ》中の九度山《くどやま》を浅野長晟《ながあきら》らによって監視されていたため、なかなかそこをぬけ出すことができず、ようやく十月九日に九度山を脱出し、諸将に遅れて大坂城に入っているからである。『駿府記』に名前が出てこなかった者ではもう一人毛利勝永が有名で、長宗我部盛親《ちょうそかべもりちか》・真田幸村・毛利勝永の三人はもと大名だったということで、「三人衆」などとよばれ、一目置かれる存在であった。こうした浪人たちを中心に、大坂方は一二、三万の大軍にふくれあがっていたのである。

十一月十五日、家康が二条城を発し、秀忠が伏見城を発し、ともに大坂に向かい、十九日から戦闘がはじまった。冬の陣最大の激戦といわれる今福・鴫野《しぎの》の戦いがあったのが二十六日、そして、十二月四日には有名な真田丸の攻防戦がくりひろげられている。

しかし、激しい戦いがあったのはそれまでであった。家康は、大坂城が難攻不落の名城であることは承知しており、一〇万を越す大軍が守る大坂城を力攻めで落とすのは不可能であるとみていた。何らかの謀略が必要だったわけで、その謀略が和議だったのである。

十二月十八日に第一回の講和交渉がもたれた。ふつう、交渉役となるのは、それぞれの陣営から選ばれた使僧があたるというのが多かった。出家の身で、いわゆる「無縁の原理」に由来するからである。しかし、このとき家康は、使僧ではなく、自分の側室である阿茶局《あちやのつぼね》を指名した。それは、相手が秀頼ではなく、実質上、淀殿が大坂方を代表すると考えていたからである。大坂方からは、大蔵卿局と常高院が出てきた。常高院は大坂方とするよりは、取りもち役とすべきかもしれない。というのは、常高院、すなわち淀殿の妹で京極高次夫人だった彼女は、このとき、淀殿を説得するために大坂城にたまたま入っていたからである。

しかし、第一回の講和交渉は決裂している。大坂方は、「籠城の城兵を納得させるため、彼らに知行を与える必要がある。そのために加増してほしい」と申し出ていたらしいが、そのようなことを家康が認めるはずはなく、当然のように決裂している。

翌日、第二回の講和交渉がもたれ、林羅山《はやしらざん》撰「大坂冬陣記」（『大日本史料』第十二編之十四、慶長十九年〈一六一四〉十二月二十一日条）によると、次の五ヵ条で合意したという。

一、今度籠城諸牢人已下《いか》、異儀あるべからざる事

一、秀頼御知行、前々のごとく相違あるべからざる事

一、母儀（淀殿）在江戸の儀、これ有るべからざる事

一、大坂開城これ有らば、何国といへども望み次第、替え進《まい》らすべき事

一、秀頼に対し、御身上、表裏あるべからざる事

なお、和議の条件として、「城中二丸石垣・矢倉・堀已下、秀頼より人数を以て、これを壊し埋むべし」と、本丸のみ残し、あとは壊平されることになった。これは、大坂城が本丸のみの裸城になることを意味し、ふつうに考えれば、淀殿がそんな条件を呑むはずはないと思うところである。それを認めたのは、「秀頼より人数を以て、これを壊し埋むべし」とあったからではなかろうか。

大坂城築城の歴史は淀殿の人生後半の歴史そのものでもあった。天正十一年（一五八三）九月一日から同十三年四月までの第一期工事。同十四年二月から同十五年終わりまで

の第二期工事。文禄三年（一五九四）の第三期、そして慶長三年から秀吉没後の翌四年にかけて行われた第四期工事と、実に完成まで十八年の歳月をかけた名城であった。外から、物構《そうがまえ》の堀、三の丸の堀、二の丸の堀と、堀を埋めるだけでも数年はかかるとみた。つまり、淀殿は、時間をかけて堀を埋めている間に、すでに高齢の家康が亡くなれば、状況が変わると考え、この条件を認めたものと思われる。

ところが、そうした淀殿の目論見《もくろみ》はあっさり崩されてしまった。徳川方の将兵たちによって、惣構の堀、三の丸の堀がまたたく間に埋められはじめたのである。このことが、この後の夏の陣の伏線になるわけであるが、こうした一連の動きを、徳川方のだまし討ち的内堀埋め立て強行とする従来の通説に対しては笠谷和比古氏の反論がある（『関ヶ原合戦と大坂の陣』）。笠谷氏は、二の丸・三の丸壊平は豊臣方も諒解していたことで、工事を進捗させなかった豊臣方に責任があるとしている。

ただ、私は、惣構・三の丸は徳川方が手を出してきても文句はいえないが、二の丸は、「城中二丸石垣・矢倉・堀已下《いか》、秀頼より」とあるように、大坂方で進めることになっていたはずで、そこまで手をのばしてきたことは、徳川方の明らかな約束違反ではないかと考えている。おそらく、淀殿もそのことを理由に再戦を決意したのであろう。

高台院と秀頼の書状のやりとり

ところで、再戦、すなわち夏の陣に移る前に、冬の陣講和後の高台院の動きを知ることのできる書状があるので、ここでみておきたい。

年付のない正月四日付の秀頼書状を、慶長二十年、すなわち元和元年（一六一五）正月四日付とし、はじめて紹介されたのは渡辺武氏である（「高台寺の蔵から秀頼自筆書状再発見」初出『観光の大阪』一九八九年十二月号、のち井上安代編著『豊臣秀頼』に再録）。その秀頼書状は、

　猶御目にかゝり申すべく候。めでたく又々かしく
こんどの祝義（儀）と仰られ、もくろく（目録）のごとく、はや〳〵と送り給わり候。いく久敷と祝い入りまいらせ候。くわしくは大蔵卿申すべく候。かしく

正月四日　　秀頼

高台院殿

というもので、秀頼の自筆書状と考えられている。高台院から、講和が成ったことについて祝儀の言葉と祝いの品物があり、それに対する秀頼の返書である。

この文面から察すると、高台院は、和議成立を心底から喜んでいたらしいことがわかる。「いく久敷と……」とあるように、この和平がそのまま続くと信じていた節がある。それ

に対し、秀頼はやや微妙な対応をしている。おそらく、徳川方による堀埋め立てをめぐるトラブルが発生しており、手ばなしで喜んでいられる状況ではなかった様子が読みとれる。「くわしくは大蔵卿申すべく候」といい、追而書では「御目にかゝり申すべく候」と、直接お会いしてお話ししたいとまでいっているのである。このとき、事情説明のため大蔵卿が高台院を訪ねたという史料もないし、添状として出されたと思われる大蔵卿の書状もないので、秀頼が何を高台院に訴えたかったかはわからないが、少なくとも、和平を、永遠の和平と思った高台院と、大坂城の淀殿・秀頼とでは、切迫感のちがいがあったことが、この一通の書状からみえてくるのである。

夏の陣で自刃する淀殿・秀頼

再戦への動き

年が変わって慶長二十年（一六一五）は途中で改元されて元和元年となるが、その正月三日、家康は二条城を出発して駿府《すんぷ》にもどり、秀忠も同月十九日、伏見城を引き払い、江戸城に向かっている。徳川方諸将もそれぞれ陣払いをして、冬の陣は完全に終わった。

家康は第二ラウンドのあることを想定していたが、淀殿・秀頼がどう考えていたかについてはわからない面もある。そのまま何事もなくいくとは考えてはいなかったと思われるが、家康が死ぬまで何事もおこらないことを願っていたのではなかろうか。

冬の陣のとき、豊臣恩顧の大名が誰一人として大坂城に入ってこなかったという現実をつきつけられ、「秀頼が成人すれば関白豊臣政権が復活する」ということが絵に描いた餅であることを思い知らされた形の淀殿ではあったが、家康が死ぬことで〝潮目〟が変わることを期待していた節はある。

家康は家康でそのことも考えており、自分の目の黒い内に大坂方を何とかしなければとの思いを強くしていた。しかし、はじめから豊臣家を滅亡させようと考えていたかとなると、少し慎重でなければならない。この後も家康は、豊臣家を存続させる方向性を提案しているからである。

夏の陣へつながる動きとして注目されるのは、三月十五日の京都放火事件である。何者かが京都に放火してまわったが、京都所司代《しょしだい》板倉勝重は、それを大坂方の仕業として駿府の家康に報告した。このとき、その報告を追うように大坂城の大野治長から、「その所業はわれわれの関知しないところである」という弁明のための使者が駿府に下されている。

放火犯が大坂方の者なのかそうではなかったのかの判断はむずかしい。ただ、板倉勝重からのそれまでの報告で、大坂城で火薬が製造されているとか、浪人がまた集まりはじめているとかの報告はあり、家康としては、大坂方が再戦のための準備をしているとみていたことはたしかで、弁明のためにやってきた米村権右衛門に対し、家康は、「秀頼が大坂城を出て、大和か伊勢への転封に応じるか、現在、大坂城に抱えられている浪人を放逐するか、二つに一つの選択をせよ」と命じている。

結局、大坂方では協議の上、「秀頼の国替えには応じられない」との返事を家康に出している。もう一つの浪人放逐についてはまったくふれていない。

その返事を受けとった家康は四月四日、駿府城を出発し、名古屋城に向かった。表向きには、名古屋城主で家康九男の義直の婚儀に出席するためというふれこみであったが、目的はそれだけでなく、大坂方の出方によってはそのまま大坂に向かい、再戦をはじめようという腹だったのである。

四月十日、家康は名古屋城に入った。そこで大坂方の使者と会っている。このときの大坂方の使者は、さきの米村権右衛門のような弁明の使者ではなく、義直の婚儀の祝詞《しゅくし》を述べるための使者で、秀頼から青木一重が、淀殿から二位局と大蔵卿局および常高院が名古屋まできていたのである。表面的には和平を装っていた。

家康は秀頼および淀殿からの祝詞を聞いた上で、この使者に対し、「いまだ浪人を放逐していないのはどうしたことだ」と詰問しているのである。さきに、「秀頼の国替えには応じられない」という返事を受けとっているので、そのときに示した二者択一のもう一つが履行されていないことを責めたわけである。

大蔵卿局らはびっくりして大坂城にもどり、その旨を秀頼と淀殿に報告した。その報告を受けとった秀頼・淀殿がどのような反応をしたかの史料がなく、くわしいことはわからないが、この詰問に対し、返事をした様子がみられないので、黙殺したものと思われる。

監視されていた高台院

この時期、京都にいた高台院はこうしたことの成りゆきをどうみていたのだろうか。冬の陣がはじまる前には、何とか戦いにならないよう動こうとした高台院のことなので、「再戦近し」という状況をみて、このときも動こうとしたはずである。ところが、夏の陣を前にして、高台院は家康によって封じこまれてしまっていた。高台院と淀殿が結び、夏の陣を回避する動きが出てくると面倒なことになると家康が考えたからである。

家康は高台院の甥にあたる木下利房に命じ、高台寺の守護にあたらせている。守護は名目で、実質的には、高台院が大坂城の淀殿と連絡をとらないよう、監視役だったものと思われる。実際、『寛政重修諸家譜《かんせいちょうしゅうしょかふ》』の木下氏系譜の利房のところには、「高台院をして大坂にいたらしむべからずとの仰により、京師《けいし》にいたりてこれを護る」とある。

ちなみに、同じく甥である木下延俊宛の高台院消息（『日本書蹟大鑑』第十四巻）は年月日は書かれていないが、そのころの様子を記したもので、京都で火災が頻繁におこっており、騒然とした状況だったことがうかがわれる。その一部を引用しておく。

……ここほと《(此処程)》火事の事、ことことしくやけ申候て、きも《(肝)》つふし候。すもし《(推文字)》候へく候。さりながら、我身屋しきの中は、少も〳〵くるしからす候まゝ、御心やすく候へく候。町かたにハ、いまにやくら《(櫓)》をあけ、ひるよる《(昼夜)》まわりやうしん《(用心)》きびしく御入候。あか《(明)》き時分より門々をとぢ《(閉)》、そのまゝ、のらん《(乱)》国のてい《(体)》にて候。我々やしき《(屋敷)》のうちも、くら《(蔵)》なとのいらさるはこほち《(毀)》引のき候。かた《(方)》はつくろい《(繕)》ふしん《(普請)》なかは《(半)》ニて候。いま《(未)》たハし〳〵《(端々)》ゑハ火をつけまいらせ候。何ともしらぬ火事にて候（後略）。

京都の町が何者かによって放火され、町衆たちが火の見櫓をあげ、明るい内から門を閉じて警戒にあたっていた様子がわかる。高台院も放火の恐怖におびえる日々を送っていたのである。

夏の陣へ突入

家康側が最後通牒《つうちょう》の形でつきつけた浪人放逐についての大坂方からの返答はなく、家康としても開戦のきっかけをなかなかつかめないでいた。

ところが、四月二十六日、大坂城から打って出た大野治房率いる一隊が大和郡山付近の村々に火を放ち、郡山城を攻めるということがあった。家康は、これを、大坂方による最

図27　大坂夏の陣図屏風（大阪城天守閣所蔵）

後通牒拒絶の動きとみて、二条城で秀忠と軍議を練り、五月三日出陣を決めている。

ただ、三日が雨だったので五日に延期され、六日の道明寺の戦いを皮きりに本格的な戦闘がはじめられた。その日、八尾・若江でも戦いがあったが、軍勢で圧倒する徳川方の前に大坂方は戦うごとに敗れ、また、後藤基次・木村重成らの連携プレーもまずく、結局、後藤基次・木村重成が戦死してしまい、真田幸村を殿軍《しんがり》として大坂城に退却していった。

大坂城外の戦いはそれで終わり、翌七日から大坂城の総攻撃がはじめられた。家康は天王寺口から攻撃し、秀忠が岡山口から攻撃し、各所ではげしい戦いがくりひろげられ、その乱戦の中、真田幸村も討ち死にしている。しかし、大坂城は落ちず、翌八日にもちこされた。

七日の戦いで、城内の二万人が討ち死にしたといわれ、抱えられていた浪人たちの中には逃げだす者も少なくなかった。そのころまで本丸千畳敷にいて戦況を見守っていた淀殿・秀頼も最期の覚悟を決め、「天守で潔く自害をしよう」と、天守に向かいかけたが、そのとき、近臣の速水甲斐守守久に押しとどめられ、山里曲輪《やまざとくるわ》の糒庫《ほしいいぐら》に案内されている。それは、大野治長が、秀頼の正室千姫を大坂城から落とし、千姫から秀頼の助命嘆願をさせようとしていたからである。淀殿・秀頼は山里曲輪の糒庫で一夜を明かし、運命の日、五月八日の朝を迎えている。

淀殿・秀頼の最期

淀殿・秀頼が最後に逃げこんだところを山里曲輪の糒庫と書いたが、史料によってちがっている。たとえば、『駿府記』は二の丸の帯曲輪とし、『譜牒余録』では本丸、『土屋知貞私記』では千貫櫓としてちがいがあるが、諸史料を総合すると山里曲輪の糒庫というのが最も蓋然性が高いように思われる。

なお、はじめ、山里曲輪に逃げこんだときには五〇〇人から六〇〇人ほどいたといわれているが、いつしか一人消え、二人消えして、八日の朝の段階では二八人に減っていた。これも、『駿府記』は三二人とし、人数についても異説がある。

淀殿・秀頼自害までの経過を記す史料として注目されるのが『井伊年譜』である。「徳川四天王」の一人にカウントされる井伊直政は関ヶ原の戦いのときに受けた傷がもとで慶長七年（一六〇二）二月一日、四十二歳の若さで死んでしまい、そのときまだ十三歳だった嫡男の直継（のち直勝と改名）がついでいる。ところが直継は病弱で、冬の陣には出陣できず、代わりに弟直孝が出陣していた。夏の陣がはじまる前、家康の命令によって、直孝が彦根藩をつぎ、兄直継は上野安中三万石として分家させられているのである。

この経緯からもうかがわれるように、譜代《ふだい》筆頭彦根藩一八万石（のち三五万石）をついだ直孝としても、冬の陣とそれに続く夏の陣は自己の存在を家康をはじめ幕閣たちにアピールするよい機会であり、大坂城攻撃にあたって重要な部署を与えられていた。淀殿・秀頼自刃までの経過が『井伊年譜』にくわしく書かれており、その流れをかなりなまで復原できる。

『井伊年譜』によると、櫓の中に淀殿らがひそんでいるという情報を得た直孝がそこに行くと、中から大野治長が出てきて直孝と言葉をかわし、大野治長が中に入ると、代わって速水守久が出てきた。そのとき、直孝は「早くしないと鉄砲を撃つぞ」と声をかけている。おそらく、その声が櫓《やぐら》の中まで聞こえたのだろう。直後に火の手があがったという。

通説では、井伊直孝隊の鉄砲が糒庫に撃ちこまれ、それによって、千姫による助命嘆願が不調に終わったことを知って全員が自害をしたとされてきたが、『井伊年譜』の記述は若干ちがっている。直接の当事者の家に伝わる家譜なので、何か材料があったものと思われ、その流れも捨てきれないものがある。いずれにせよ、猛火の中、淀殿・秀頼は自刃して果てた。淀殿四十七歳、秀頼二十三歳であった。

豊臣家滅亡後の高台院

豊臣家滅亡を高台院はどうみていたか

大坂城落城とともに淀殿・秀頼が自刃し、ここに豊臣家は滅亡した。高台院としては、秀頼は自分が生んだ子ではないので、特別な感情をもたなかったという解釈もある。豊臣家は、自分と秀吉の二人で築きあげてきたもので、秀吉亡き後、豊臣家存続に熱心ではなかったとされ、そのため、「豊臣家を見限った冷たい女」とされることもあったのではないかと思われる。その背景には、子をもたなかった高台院、すなわち北政所と、子をなした淀殿との「女の戦争」があり、この二人の対立が結果的に豊臣家を滅亡に追いこんだという流れで理解されてきたこととつながっている。

しかし、本書でも明らかにしたように、「女の戦争」はなく、むしろ、高台院も豊臣家存続のため淀殿と力を合わせていたというのが実際の姿であった。むしろ、家康の狡猾《こうかつ》さ、天下取りの執念が女性二人の結束力よりまさったということであろう。

夏の陣直後の五月十九日付で、高台院が伊達政宗に宛てた消息があり、その中に、「大坂の御事ハ、なにとも申候ハんすることの葉も御入候ハぬ事にて候」という一文がある。ここでいう「大坂の御事」というのは、大坂夏の陣による淀殿・秀頼の自刃、豊臣家の滅亡をさしている。「何とも申しあげる言葉もありません」とは、そのときの高台院の心情が吐露された表現である。そこには、「自分は何もできなかった」という悔しさもにじみ出ているといえよう。

さて、その後の高台院であるが、高台寺で亡き夫秀吉の菩提《ぼだい》を弔う生活を続けている。その高台院のもとに、青天の霹靂《へきれき》ともいうべき話が飛びこんできた。家康が豊国社を取り壊そうとしているというのである。そのとき、高台院が家康にその存続を嘆願したことが「東照宮御実紀附録巻十五」（『徳川実紀』第一篇）にみえる。

大坂落城のよし聞えしかば、京の東山にある豊国明神の社前へ、いづくよりか香資銀あまた備へけるよしにて、所司代板倉伊賀守勝重手の者つかはし点検せしめしに相違なければ、そのよし御聞に入る。仰におほよそ人の世にありしほど、智仁勇の三徳備はりしものならでは、死後に神にいつき祭らるゝ事はなきはずなりとて、太閤の影像は束帯をとり円頂になし、社頭も撤毀《てつき》し除地とすべしと仰付られしが、北の政所より、崩れ次第になし給はれと、あながちに願はれしゆへ、ねがひのごとく御ゆるしありしとなり（『駿河土産』）。

家康にしてみれば、豊臣家を滅亡に追いこんだ以上、秀吉を神として祀る豊国社は不要であった。そこで社殿を壊し、神領も除地にしようとしたわけであるが、高台院から、「崩れ次第にして下さい」との強い要請を受け、そのようにしたという内容である。家康は高台院との関係から、その要請を受け入れている。しかし、家康死後、約束は守られず、家康の沙汰によって豊国社の社地のほとんどを下げ渡されていた妙法院によって破却されてしまうのである。そのいきさつについては津田三郎氏の『秀吉・英雄伝説の軌跡』にくわしい。北政所としては、そのことに抗議する気力ももうなかったのであろう。元和《げんな》五年（一六一九）ごろと考えられる破却に異を唱えたとする史料はみられない。

高台院の死

高台院は、いつのころかはっきりしないが、甥利房の二男利次を預かり、養育をしており、元和九年（一六二三）には養子としている。その間のいきさつが『寛政重修諸家譜《かんせいちょうしゅうしょかふ》』の利次の項につぎのように記されている。

幼稚のときより豊臣太閤の政所高台院に養はれ、元和九年七月御上洛のとき京師にをいてはじめて台徳院殿《（秀忠）》・大猷院《だいゆういん》殿《（家光）》にまみえたてまつる。このとき高台院がこふむねに任せられ、其養子となる。寛永元年二月江戸に参府す。のち高台院やまひにかゝりて危篤なるよしきこしめされ、利次すみやかに京師に赴き、これを看すべき旨恩命をかうぶり、かの地におもむく。このとき台徳院様より時服七領、羽織一領をたまひ、大猷院よりも馬一疋をひかる。九月六日高台院逝去により、十一月其遺物として台徳院殿に小瞿麦《なでしこ》の茶壺、大猷院殿に記録一部を献じ、崇源院《（秀忠室）》に菊の源氏一部をまいらす。

つまり、高台院の最期をみとったのは甥利房の二男で、養子にしていた利次だったのである。このことは、「大猷院殿御実紀巻三」（『徳川実紀』第二篇）にも、寛永元年九月六日のところに、「六日故豊臣太閤の政所従一位高台院尼薨《こう》ず。大坂亡びし後も京東山にのがれすまれしかば、神祖《（家康）》河州《（河内国）》にて一万六千石を養老料によせ給ひ、ねもごろの御待遇なりしが、けふうせられしかば、遺物として、御所《（家光）》に記録一部、大御所《（秀忠）》に小瞿麦の茶壺、大御台《（秀忠室）》に菊の源氏一部を、猶子木下左近利次より奉る。葬埋の事は宮内少輔利房、右衛門大夫延俊二人にてあつかひ、尼の隠居をば遺言により寺となし、五百石の祭田をよせ給ふ」とみえる。

大坂の豊臣家が滅亡したから京都の東山に逃れたとするのはまちがいであるが、ここに記されているように、寛永元年（一六二四）九月六日に波乱の生涯を閉じている。

豊臣家存続をはかった二人――エピローグ

関ヶ原の戦いを論ずるにしても、大坂の陣を論ずるにしても、本書で取りあげたおね＝北政所＝高台院と、茶々＝淀殿の二人は避けて通れない女性である。ただ、従来は、この二人についてはそれなりのイメージが描かれ、それが定着してしまっていたように思われる。おねについては、秀吉糟糠の妻として、若いころから苦労を共にし、貞女の鑑《かがみ》といった描かれ方をし、一方、茶々は奔放で、しかも勝ち気な面が強調されることが多かったようである。

しかも、これまでの多くの論調は、二人は対立し、結局、「女の戦争」が豊臣家を滅ぼしてしまったというところに落ち着く傾向にあった。たとえば、関ヶ原の戦いのとき、北政所が甥にあたる小早川秀秋に家康へ味方するよう指示し、秀秋の寝返りによって東軍勝利に貢献をしたとすることなどはその一つである。淀殿については、同じ近江《おうみ》出身の石田三成とべったりしすぎて、そのことが結果的に豊臣家の滅亡を招いたとすることが多い。秀頼は秀吉の子ではなく、三成との間にできた子であるとするのも、「淀殿悪女論」の一つのあらわれといってよいのかもしれない。

本書において私は、そうした「女の戦争」が後世に創作された話に多くあらわれていることを明らかにし、実際には、伝えられるような確執はなく、むしろ、二人手をたずさえて、豊臣家の存続をはかろうと努力していたことを描き出そうとした。

どうしても依拠する史料が、勝者である家康側のものが多く、推測をまじえざるをえない部分もあったが、少ない史料の断片からもある程度のことは読みとることができたと考えている。

あとがき

かなり以前のことになるが、雑誌『歴史読本』臨時増刊で「謀略！関ヶ原から大坂の陣へ」という特集が組まれたことがあり（一九八五年十二月刊）、そのとき、特集号のほぼ半分が私の執筆した「ドキュメント関ヶ原から大坂の陣へ」で占められた。その後、それは一九九九年十二月に、新人物往来社から単行本として刊行された。つまり、雑誌原稿でありながら、分量としては、単行本一冊になっていたのである。

同書は、秀吉の死の慶長三年（一五九八）から関ヶ原の戦いを経て、大坂冬の陣・夏の陣で豊臣家が滅亡していくまでの一七年間を、あらゆる史料を駆使しながら追いかけたもので、私の一〇〇を超す著書の中でも特に印象に残っている一冊である。

その執筆のときから、頭を離れなかったのが、どうして豊臣家は滅亡しなければならなかったのかという疑問と、いわゆる「女の戦争」といわれることに対しての疑念が拭いきれなかった点である。北政所と淀殿の確執が、関ヶ原の西軍敗北の要因であり、また、大坂の陣を招いてしまったという通説にどうしても納得がいかなかった。

かといって、それを突き崩すだけの材料もないまま、「女の戦争」という見方に少し距離を置く形で何年か過ぎてしまったのである。「いつかきちんととりあげたい」と思ったままであったが、ミネルヴァ書房の「日本評伝選」で、福田千鶴氏の『淀殿』、田端泰子氏の『北政所おね』が相ついで出版されたことにより、一挙に私の執筆意欲は高まった。「女の戦争」という見方は、家康を悪者に描かないためのトリックとしてしくまれたもの、つまり、元凶は「神君中心史観」ではないかと考えたのである。

こうした私の見方には飛躍があるかもしれないが、少なくとも、淀殿を悪女とみる従来のとらえ方は払拭したいと考えている。北政所を正当に評価し直すこととあわせ、淀殿復権に少しでも貢献できれば幸いである。

実は、淀殿擁護論について、私はすでに『戦国三姉妹物語』という本の中で少し展開していた。しかし、その時点では、淀殿を悪女とする元凶が何なのかについては気がついていなかった。

そのことに気がついたきっかけの一つは、いわゆる「築山殿事件」といわれる、徳川家康正室築山殿が殺され、家康と築山殿との間に生まれた長男信康が切腹させられた事件を追いかけていたときのことである。「築山殿事件」では家康を正当化するため、築山殿を悪女として描き出している。淀殿も、家康の行為を正当化するため、実際以上に貶《おとし》められていたのではないかと考えた次第である。

最後に、本書の執筆を勧めて下さった吉川弘文館の大岩由明氏と、編集を担当された重田秀樹・並木隆両氏にお礼を申し上げ、擱筆する。

二〇〇九年四月

小和田哲男

参考文献

北政所・淀殿の関係―プロローグ

田端泰子『北政所おね』ミネルヴァ書房、二〇〇七年
福田千鶴『淀殿』ミネルヴァ書房、二〇〇七年
桑田忠親『豊臣秀吉研究』角川書店、一九七五年
山陽新聞社編『ねねと木下家文書』山陽新聞社、一九八二年

秀吉と出会うまでの二人

藤田達生『秀吉神話をくつがえす』講談社現代新書、二〇〇七年
井上安代『豊臣秀頼』私家版、一九九二年
小和田哲男『戦国三姉妹物語』角川選書、一九九七年
小和田哲男編著『戦国の女性たち』河出書房新社、二〇〇五年

秀吉の天下統一と北政所の役割

小和田哲男『賢妻・千代の理由』NHK出版、二〇〇五年
桑田忠親『淀君』吉川弘文館、一九五八年

二木謙一『秀吉の接待』学研新書、二〇〇八年
谷口克広『織田信長家臣人名辞典』吉川弘文館、一九九五年
桑田忠親『太閤豊臣秀吉』講談社文庫、一九八六年

鶴松を生む淀殿と鶴松の死
櫻井成広『豊臣秀吉の居城—聚楽第・伏見城編—』日本城郭資料館出版会、一九七一年
西川幸治編『淀の歴史と文化』淀観光協会、一九九四年
森田恭二『豊臣秀頼』和泉書院、二〇〇五年

秀頼の誕生と秀次事件
小和田哲男『豊臣秀次』ＰＨＰ新書、二〇〇二年

秀吉の死と北政所・淀殿二人の関係
笠谷和比古『関ヶ原合戦と大坂の陣』吉川弘文館、二〇〇七年
小和田哲男『関ヶ原から大坂の陣へ』新人物往来社、一九九九年

関ヶ原の戦いとその後の二人
二木謙一『関ヶ原の戦い』中公新書、一九八二年

笠谷和比古『関ヶ原合戦―家康の戦略と幕藩体制―』講談社選書メチエ、一九九四年
小和田哲男『石田三成』PHP新書、一九九七年

大坂の陣での淀殿と北政所

中村孝也『徳川家康公伝』日光東照宮社務所、一九六五年
津田三郎『秀吉・英雄伝説の軌跡』六興出版、一九九一年

著者紹介

一九四四年、静岡市に生まれる
一九七二年、早稲田大学大学院文学研究科博士課程修了
現在、静岡大学名誉教授
主要著書
戦国三姉妹物語　秀吉の天下統一戦争

歴史文化ライブラリー
274

北政所と淀殿
豊臣家を守ろうとした妻たち

二〇〇九年（平成二十一）六月二十日　第一刷発行

著　者　小《お》和《わ》田《だ》哲《てつ》男《お》
発行者　前田求恭
発行所　株式会社 吉川弘文館
東京都文京区本郷七丁目二番八号
郵便番号一一三—〇〇三三
電話〇三—三八一三—九一五一〈代表〉
振替口座〇〇一〇〇—五—二四四
http://www.yoshikawa-k.co.jp/
印刷＝株式会社 平文社
製本＝ナショナル製本協同組合
装幀＝清水良洋

歴史文化ライブラリー

1996.10

刊行のことば

現今の日本および国際社会は、さまざまな面で大変動の時代を迎えておりますが、近づきつつある二十一世紀は人類史の到達点として、物質的な繁栄のみならず文化や自然・社会環境を謳歌できる平和な社会でなければなりません。しかしながら高度成長・技術革新にともなう急激な変貌は「自己本位な刹那主義」の風潮を生みだし、先人が築いてきた歴史や文化に学ぶ余裕もなく、いまだ明るい人類の将来が展望できていないようにも見えます。このような状況を踏まえ、よりよい二十一世紀社会を築くために、人類誕生から現在に至る「人類の遺産・教訓」としてのあらゆる分野の歴史と文化を「歴史文化ライブラリー」として刊行することといたしました。

小社は、安政四年（一八五七）の創業以来、一貫して歴史学を中心とした専門出版社として書籍を刊行しつづけてまいりました。その経験を生かし、学問成果にもとづいた本叢書を刊行し社会的要請に応えて行きたいと考えております。

現代は、マスメディアが発達した高度情報化社会といわれますが、私どもはあくまでも活字を主体とした出版こそ、ものの本質を考える基礎と信じ、本叢書をとおして社会に訴えてまいりたいと思います。これから生まれでる一冊一冊が、それぞれの読者を知的冒険の旅へと誘い、希望に満ちた人類の未来を構築する糧となれば幸いです。

吉川弘文館

〈オンデマンド版〉
北政所と淀殿
豊臣家を守ろうとした妻たち

On Demand
歴史文化ライブラリー
274

2019年（令和元）9月1日　発行

著　者　小《お》和《わ》田《だ》哲《てつ》男《お》
発行者　吉　川　道　郎
発行所　株式会社　吉川弘文館
〒113-0033　東京都文京区本郷7丁目2番8号
TEL　03-3813-9151〈代表〉
URL　http://www.yoshikawa-k.co.jp/

印刷・製本　大日本印刷株式会社
装　幀　清水良洋・宮崎萌美

小和田哲男（1944～）

ISBN978-4-642-75674-7